BIBLIOTHÈQUE

RELIGIEUSE, MORALE, LITTÉRAIRE,

POUR L'ENFANCE ET LA JEUNESSE,

PUBLIÉE AVEC APPROBATION

DE S. E. LE CARDINAL-ARCHEVÊQUE DE BORDEAUX

FRONTISPICE

Le missionnaire, un bréviaire sous le bras, la croix à la main e[t]
confiant en Dieu, se fait jour à travers les forêts.

LES SAINTS MARTYRS JAPONAIS

PAR

M. L. ENDURAN.

LIMOGES,
MARTIAL ARDANT FRÈRES, ÉDITEURS,
Rue de la Terrasse.

1863

LES

SAINTS MARTYRS JAPONAIS.

I

La Providence a des voies mystérieuses, concourant au même but, dont elle se réserve le secret, et qui se révèlent au temps fixé par sa volonté suprême. Rien ne s'agite, ne se calme, ne se produit ou s'efface sans se rattacher à quelque décret immuable, sans date, parce qu'il se perd dans l'éternité. L'Eglise, dont le Calvaire, berceau du christianisme, Rome, tombeau de l'idolâtrie, sont les bases, domine le monde du Golgotha au Capitole. Et voyez cette étrange coïncidence : au moment où la catholicité s'afflige, quand le siècle pose le problème étrange, inouï, d'un souverain aimé de tous au profit de nations qui tâtonnent au milieu d'épaisses ténèbres, Dieu fait surgir une pensée pieuse, sublime, la canonisation des martyrs japonais. C'est l'histoire de leurs souffrances et de leur gloire que je veux vous raconter.

Les Indes orientales venaient, sous le règne de don Juan, d'être visitées par Mendez Pinto, et la renommée s'était hâtée de répandre en Europe les récits des merveilles explorées par les hardis navigateurs. Ce qui frappa surtout l'esprit des deux monarques de la péninsule ibérique, ce fut l'état d'abrutissement religieux dans lequel vivaient ces populations lointaines, et néanmoins très voisines de notre civilisation, par la douceur de leur caractère et le goût des arts européens.

Avant d'entrer dans les détails des travaux de nos missionnaires, de décrire les persécutions dont Taïco-Sama récompensait leurs travaux apostoliques, nos jeunes lecteurs voudront bien nous suivre dans une excursion géographique dont nous tâcherons de leur adoucir l'aridité.

L'empire du Japon est l'un des plus considérables de l'extrême Orient de notre hémisphère. Situé entre le 41° 30' et le 31° de latitude nord, entre le 127° 50' et le 140° 50' de longitude est, il se compose d'un archipel dont les îles nombreuses comptent environ quarante millions d'habitants. Ces chiffres ne sont qu'approximatifs, aucune donnée certaine n'étant encore parvenue en Occident. Le Japon se divise en quatre parties, séparées par quelques détroits fort découpés, dont le principal est celui qui porte le nom de l'infortuné Lapérouse ; jusqu'à lui, les peuples occidentaux avaient cru que l'empire formait un continent ; mais, en cinglant vers le sud, l'illustre navigateur longea l'île Sagalien, située dans la mer d'Okhotsk, et toucha aux Kouriles, au-dessous du

Kamtchatka. Nous ne nous occuperons pas des terres moins importantes dans le Grand-Océan. Le Japon se compose en réalité de trois îles principales, Jeso, Niphon et Kiu-Siu. La première ne renferme guères que des habitants sauvages et une forteresse bâtie à Mastmaï, port florissant, qui sert aux échanges des indigènes et des Mandchoux, leurs voisins.

Niphon a 1200 kilomètres de longueur sur une largeur de 120 kilomètres, soit 144,000 mètres carrés ; la capitale est Jeddo, dont la population reste incertaine. Quelques auteurs l'ont portée à un million, d'autres à 500,000, et récemment on l'évaluait à quatre millions, chiffre qui en ferait la cité la plus peuplée du globe. Jeddo est la résidence de l'Empereur, tandis que le Daïri, ou chef de la religion, est fixé à Méaco, distant d'environ 76 lieues de la capitale. Les deux pouvoirs étaient primitivement réunis dans les mêmes mains, un chef militaire les divisa vers le milieu du 15e siècle.

Kiu-Siu s'étend au sud de l'île de Niphon; sa ville principale est Nangasaki, le seul port ouvert aux étrangers. Avant de vous faire le récit des efforts de nos missionnaires, de vous montrer les enfants de Jésus plantant la croix sur les cîmes du *Mont-des-Martyrs*, et la fertilisant de leur sang, empruntons à Montesquieu quelques lignes sur le caractère des Japonais et la résistance qu'ils devaient opposer à notre sainte religion :

« On punit de mort, dit-il dans l'*Esprit des lois*, presque tous les crimes, parce que la désobéissance à un si grand Empereur que celui du Japon est un crime énorme. Il n'est pas question de corriger le coupable, mais de venger le prince. Ces idées sont tirées de la servitude et viennent surtout de ce que l'Empereur étant propriétaire de tous les biens, presque tous les crimes se font directement contre ses intérêts.

» On punit de mort les mensonges qui se font devant les magistrats, chose contraire à la défense naturelle. Ce qui n'a point l'apparence d'un crime est là sévèrement puni : par exemple, un homme qui hasarde de l'argent au jeu est puni de mort.

» Il est vrai que le caractère étonnant de ce peuple opiniâtre, capricieux, bizarre, et qui brave tous les périls et tous les malheurs, semble, à première vue, absoudre ses législateurs de l'atrocité de leurs lois. Mais des gens qui naturellement méprisent la mort et s'ouvrent le ventre pour la moindre fantaisie, sont-ils corrigés ou arrêtés par la vue continuelle des supplices, et ne s'y familiarisent-ils pas?

» Les relations nous disent, au sujet de l'éducation des Japonais, qu'il faut traiter les enfants avec douceur parce qu'ils s'obstinent contre les peines; que les esclaves ne doivent pas être trop rudement traités, parce qu'ils se mettent d'abord en défense. Par l'esprit qui doit régner dans le gouvernement domestique, n'aurait-on pu porter un jugement sur celui d'un gouvernement politique et civil... »

Ces réflexions, jeunes amis, sont peut-être un peu trop philosophiques pour votre âge; mais le drame palpitant d'intérêt que je vais dérouler à vos yeux exige que vous ayez un aperçu des mœurs étranges d'un peuple que la civilisation tend chaque jour à rapprocher de nous.

Savez-vous pourquoi le christianisme eut tant de peine à s'implanter au Japon, pourquoi la persécution s'y montra inexorable? Le voici :

« Les magistrats regardèrent la fermeté qu'inspire le christianisme, lorsqu'il s'agit de renoncer à la foi, comme très dangereuse : on crut voir augmenter l'audace. On ordonna de renoncer à la religion chrétienne : n'y pas renoncer, c'était désobéir : on châtia la désobéissance, et la continuation parut mériter un autre châtiment. Ce fut alors que les âmes s'effarouchèrent et que l'on vit un combat horrible entre les tribunaux qui condamnèrent et les accusés qui souffrirent, entre les lois civiles et celles de la religion. »

II

Bien des années se sont écoulées; l'affreux souvenir de la persécution la plus sanglante sur laquelle ait à pleurer l'Eglise ne s'est point effacé encore.

Par une froide journée du mois de mars 1542, un homme de trente-cinq ans à peine, vêtu du costume que saint Ignace de Loyola venait récemment de faire prendre à ses disciples, un homme traversait les rues presque solitaires de Lisbonne. Ses traits noble et purs, respirant l'onction sainte, ont je ne sais quelle expression ardente à la fois et résignée que donnent seuls le sacrifice et la vertu.

Où va-t-il?

A ses côtés, un prêtre du même ordre, plus âgé sans doute, si nous en jugeons par sa démarche lente et difficile. Celui-ci se nomme Rodriguez.

Un silence éloquent règne entre eux : on devinerait sans peine qu'une séparation se prépare, longue, éternelle peut-être.

Ils touchent au rivage, l'heure des adieux a sonné, le navire se balance mollement dans le port, et les deux amis s'embrassent comme s'ils ne devaient plus se revoir; et, tandis que le jeune jésuite descend dans la chaloupe qui doit le conduire à bord, le vieillard essuie une larme furtive du revers de sa main, et n'ose pas se retourner de peur de pleurer encore.

Où va-t-il? Il ne reviendra pas.

Il était né le 7 avril 1506 dans un château, voisin de Pampelune, au royaume de Navarre. Dom Jean de Jasso, son père, était conseiller d'état et très estimé du roi Jean d'Albret. Tandis que ses frères courent après la gloire des camps, *lui* cherche, dans les sciences, les mystères de la nature et de la sagesse humaine; mais Dieu n'a point encore parlé à son cœur.

Nous le retrouvons à Paris, au moment où les doctrines de Luther se répandaient au sein de l'université dont il faisait partie. Professeur au collége de Beauvais, il loge à Sainte-Barbe et rencontre Ignace de Loyola, qui n'eut pas de peine à sauver de l'erreur une âme naturellement droite, un esprit que les novateurs avaient pu séduire sans le corrompre.

Quel sera cet homme? l'apôtre des Indes et du Japon, l'Evangéliste des contrées barbares de l'extrême Asie, le plus fécond ouvrier de la vigne du Seigneur : *François Xavier*.

Ne trouvez-vous pas que ce serait une folle entreprise, si elle n'était divine et providentielle, que celle-là? Voici un homme à qui tout doit sourire, héritier d'un des noms les plus illustres, favorisé par la richesse, joignant à des talents naturels une solide instruction, estimé des savants, qui peut prétendre aux dignités les plus enviables.... Il quitte tout, prend son Evangile et s'en va, dans des contrées lointaines, visiter des peuples inconnus, dont l'existence est à peine affirmée, au milieu de tous les périls, bravant la fatigue, l'Océan et la faim, pour sauver des âmes qui lui sont étrangères, et ramener au bonheur éternel, à l'unique bonheur, des hommes qui seront peut-être ses meurtriers. Si un acte semblable n'est pas d'un saint, certes il est d'un fou.

Xavier remplaçait Bobadilla, qui venait de tomber dangereusement malade, et dut partir seul, le Père Rodriguez étant retenu par Jean III à la cour de Portugal.

La science de la navigation n'avait pas encore atteint la perfection dont elle jouit aujourd'hui. La mer, loin d'être une plaine liquide, dont la carte peut marquer les écueils, les courants et les latitudes, de même que nos mappemondes précisent les montagnes et les fleuves, était comme un désert immense sans aucun point d'arrêt ni oasis déterminé. La marche des vaisseaux, soumise le plus souvent aux variations des brises, avait quelque chose d'incertain, et les voyages déjà périlleux ne pouvaient s'astreindre à une durée fixe.

Telles sont les conditions dans lesquelles s'embarqua Xavier. Au moment où les rois et les peuples couraient après les gisements d'or des contrées australes, il va, lui, à une conquête plus précieuse; car, dans ces régions que la civilisation a visitées déjà, le principe de toute civilisation, le christianisme, est inconnu. Après une traversée longue et périlleuse, on arrive à Goa, principal comptoir des Portugais ; et dès son arrivée, François, légat apostolique, unit ses efforts à l'évêque de ce gouvernement pour introduire la réforme parmi les infidèles et convertir à notre foi les indigènes encore plongés daus l'erreur.

A peu près à cette époque, partaient de l'île de Célèbes, située à l'est de Bornéo, dans l'Océanie, trois marchands mûs sans doute par des sentiments moins purs. L'histoire nous a conservé leurs noms. C'étaient Antoine Mota, François Zeimot et Antoine Pexot, qui se dirigeaient vers la Chine pour échanger leurs produits. Le voyage fut heureux d'abord ; mais à la hauteur des Philippines, un orage éclata, et, durant plusieurs jours, il fut impossible aux pilotes de gouverner, aux capitaines de se reconnaître dans des parages inexplorés jusqu'à ce jour. Enfin, après des souffrances inouïes, des alternatives sans nombre de crainte et d'espérance, on vint atterrir vers la pointe méridionale de Kiu-Siu. C'était le Japon, dont les longues côtes s'étendaient au loin vers le nord.

La ville de Kangoxuma, province de Saxuma, recueillit les malheureux naufragés. Vous dirai-je leur étonnement au milieu de ces peuples dont les agglomérations dépassent, effraient l'imagination des Européens ? Les cités ne sont que des fourmilières immenses dans lesquelles s'agitent les travailleurs par myriades, et vous trouveriez plus facilement des centres de cent mille habitants que des villes aussi modestes que les nôtres.

Or, voyez les desseins de la Providence. La tempête qui si violemment avait jeté loin de leur route nos trois voyageurs et détruit leurs premiers projets, allait faire servir à sa glorification et au bonheur de peuplades loitaines ce qu'ils considéraient comme la plus grande infortune.

Alors vivait à Kangoxuma un homme dont les vices égalaient les richesses. Aucune basse passion ne lui était inconnue ; il n'était pas de vice dont il n'eût fait l'essai, ni de crime que n'eussent osé ses mains. Puissant par sa fortune, favorisé du roi, dont les mœurs étaient au moins aussi déréglées que les siennes, il jetait dans les familles le déshonneur et l'effroi, au sein du peuple une haine qui, pour être sourde, n'était ni moins profonde ni moins vivace. Que de fois le remords visita sa couche et fit asseoir à son chevet l'insomnie impitoyable et lugubre ; que de fois, dans les longues orgies royales, il vit se dresser les spectres sanglants et pâles de ses victimes! Chaque jour, en sortant d'un sommeil agité, plus horrible cent fois que la veille, il se promettait de s'arrêter dans la voie maudite suivie trop longtemps ; mais, qui ne le sait, l'habitude est le rocher de Sisyphe, que nous nous efforçons de porter au sommet de la montagne pour le voir retomber sur nous plus implacable et plus lourd.

Entouré de bonzes ou prêtres plus vicieux que lui, intéressés d'ailleurs à prolonger le temps de ses désordres, Anger, c'était son nom, remettait d'un jour à l'autre le changement de sa conduite. Et son cœur s'endurcissait et ses forces languissantes ne pouvaient plus servir ses passions.

En apprenant l'arrivée des gens d'un autre monde, que l'étonnement du peuple avait grandis de tous les rêves de la superstition, le Japonais résolut d'en appeler à leur sagesse et vint les trouver, rempli de confiance.

Mais que pouvaient trois marchands, plus occupés,

quoique chrétiens, de leur commerce que de missions religieuses, en face d'une âme aussi malade que celle d'Anger? Ils avouèrent humblement leur faiblesse et crurent devoir lui donner le conseil de s'adresser à un prêtre de leur religion. L'empire, tout adonné à l'idolâtrie, n'en possédait aucun, le christianisme y était inconnu et les cultes de Sinto et de Boudha se partageaient les croyants.

Il retourna donc dans son palais sans consolation, sans espoir de voir jamais s'adoucir ses cuisants regrets. Cependant la renommée du célèbre missionnaire François Xavier commençait à se répandre. La traversée avait été heureuse, le courageux enfant de la société de Jésus, arrêté dans la presqu'île de Malacca par ses travaux évangéliques, voyait fructifier sa parole et son nom se répandre en Orient. Le voisinage des Célèbes et de la partie méridionale de l'Indo-Chine avait permis aux marchands portugais d'apprendre les merveilles opérées par le saint homme, et, comme ils se disposaient à regagner Bornéo, on proposa au seigneur japonais d'être du voyage et d'aller consulter le savant docteur.

Mais elle est longue et périlleuse la route de Kiu-Siu à Malacca. Huit cents lieues environ au milieu d'archipels dont les îles innombrables, désertes pour la plupart, peuplées d'habitants sauvages, sur une mer dont le ressac est excité sans cesse par le voisinage des terres et le peu de largeur des canaux! Anger eut peur; son heure n'était pas venue.

Il reprit le cours de ses folies et les couronna par un meurtre. C'était un caractère emporté, vindicatif, ne pouvant souffrir aucune domination, et, violent sans être cruel, il obéissait toujours à l'impression du moment. Un seigneur de ses amis, jaloux sans doute de la faveur dont il jouissait à la cour, le desservit auprès du roi. A cette nouvelle, qui lui fut fidèlement rapportée, car il en est au Japon comme en Europe, à cette nouvelle, sa fureur ne connaît pas de bornes. Il profite d'une nuit sombre, sans étoiles, comme en ont beaucoup les climats septentrionaux, attend son rival et le perce de plusieurs coups mortels.

Suivant les lois du pays, en sa qualité d'homme noble, il eût été obligé de se fendre le ventre. C'était la mort et le déshonneur. Dieu, qui ne veut pas la mort du pécheur, en avait autrement décidé. Anger fut assez heureux pour gagner le rivage et, trouvant un navire en partance pour Malacca, il prit la mer. Malgré la longueur du trajet et le crime récent dont il s'était rendu coupable, il lui sembla que le remords était moins tyrannique, et dans son cœur s'éveillaient de vagues espérances.

Ce fut en 1546 qu'il y arriva. Un historien a fait remarquer une coïncidence qui prouve une fois de plus combien les événements sont subordonnés à une volonté suprême. En même temps qu'allait naître à la foi l'homme qui devait porter la lumière dans un vaste Empire, à l'autre extrémité du même hémisphère mourait Luther, le désorganisateur de notre société religieuse.

La persévérance d'Anger fut mise à une rude épreuve. L'homme de Dieu venait de partir pour l'Océanie et visitait les Moluques. Sans se décourager, il résolut d'aller à sa rencontre ; mais au milieu des îles dangereuses et voisines de l'Equateur, son navire fut ballotté par les orages, jeté d'île en île, sans pouvoir reprendre une route directe, et cela dura plus d'une année entière ;

il y perdit trois de ses serviteurs. Fatigué de cette vie errante, las de tant d'infructueux efforts, Anger résolut de regagner Kiu-Siu, sa patrie, où il pouvait espérer que son crime serait oublié ou pourrait se racheter à prix d'or. Le vent le porta enfin à Singapour, où il apprit que Français Xavier avait abordé quelques jours avant.

Je n'ai pas à vous décrire la joie du seigneur japonais; il venait enfin d'atteindre son but, il allait entendre cet homme dont l'Orient célébrait la sagesse et la vertu, et trouver peut-être dans ses conseils l'oubli d'un passé honteux et sanglant. Il se rendit auprès de lui dans l'église Notre-Dame, assure le saint lui-même. Aux paroles douces et graves de l'Apôtre, le cœur d'Anger se fondit insensiblement; en écoutant les merveilles de notre religion, il lui sembla qu'un bandeau tombait de ses yeux, et que, pour la première fois, il faisait soleil dans son cœur.

Mais il y avait là quelqu'un de plus heureux encore. François venait d'entrevoir la possibilité de ramener à Dieu des millions d'idôlâtres, et de planter aux confins du globe la croix d'un maître bien-aimé. Aussi avec quelle onction ne parla-t-il pas au pauvre coupable, que d'affection dans les enseignements qu'il donnait à son disciple adoptif! Il ne voulut laisser à personne le soin de l'instruire, se le réservant tout entier, pour diriger cet esprit superbe et le préparer suivant les vues déjà manifestes pour lui de la Providence.

Cependant il était difficile à Xavier de prolonger longtemps son séjour dans le même lieu. Sa renommée comme savant et homme vertueux, franchissant les distances, était universelle, et il n'y avait pas dans l'archipel de l'océan Indien et de la mer Pacifique d'île qui le connût sans désirer son arrivée. Plusieurs lettres lui étaient arrivées successivement des côtes de la Pêcherie ; l'œuvre qu'il avait commencée réclamant sa présence, il dut s'arracher à son affection paternelle pour Anger et reprendre son apostolat. On sait que l'humilité fut une de ses vertus les plus précieuses : malgré le titre et les pouvoirs dont il avait été investi par le Saint-Siége, il ne voulut jamais rien entreprendre sans le conseil et l'autorisation de Jean d'Albuquerque, évêque de Goa, religieux franciscain, dont le zèle pour la propagation de la foi ne se démentit jamais. Ce fut entre ses mains qu'il remit le néophyte, alors âgé de quarante ans, et les deux serviteurs qui avaient suivi l'exemple de leur maître.

Ce fut une belle et touchante cérémonie que le baptême de ces trois hommes, venus de près de douze cents lieues, à travers tous les dangers de l'Océan, au mépris des tempêtes, conduits par cette main qui poussa les Mages vers l'étable de Bethléem et terrassait saint Paul sur le chemin de Damas. Nous autres, Européens, favorisés les premiers du don de la vraie foi, nous comprenons avec trop peu d'enthousiasme les triomphes de l'Evangile. Le souvenir sublime des martyrs de l'Empire romain s'est affaibli sensiblement, et l'indifférence aveugle chasse peu à peu l'admiration qu'ils doivent nous inspirer.

Mais transportez-vous avec moi, par la pensée, dans un royaume dont trois mille lieues nous séparent, sur cette côte de Malabar, si féconde en héroïsme religieux, arrêtons-nous à Goa, une ruine aujourd'hui, mais une grande et forte ville, un port florissant, au temps où se passe notre histoire, à Goa, cité chrétienne, fille de Rome, d'où sont partis les rayons qui ont dissipé les ténèbres de l'idolâtrie au sein des Empires les plus peuplés, les mieux civilisés du monde, où chacune de nos monarchies ne vaudrait pas une province. Et dans ce séminaire lointain de saint Paul ou de la foi d'où sortent les valeureux athlètes de nos saintes croyançes, voyez ces trois hommes à genoux, le maître et les serviteurs, puissants chez eux, s'humiliant au nom du Christ, Dieu qui renverse leurs dieux, condamne leurs passions et leur promet des tortures pour récompense sur la terre... Puis, dans sa placidité vénérable, mais le cœur tressaillant de joie, Jean l'archevêque, il ne se souvient plus de son nom dans le monde, versant l'eau régénératrice sur la tête de ces hommes qui vont être des chrétiens ; autour d'eux une assemblée nombreuse et recueillie, qui n'attend qu'un instant pour les presser contre leur cœur et les nommer leurs frères. Quel tableau !

Anger prit, en souvenir de l'édifice où il avait été baptisé, le double nom de Paul de la Foi. Nous allons à ce sujet transcrire une lettre de saint François Xavier à son supérieur, saint Ignace de Loyola, à Rome ; elle est datée du 14 janvier 1549.

« Paul de Sainte-Foi, dit-il, vous envoie une assez » longue lettre. En huit mois, il a bien appris à lire, à » écrire et à parler portugais... Je suis décidé à aller » tout droit trouver l'Empereur du Japon, à me présen- » ter ensuite au milieu de leurs académies, de leurs » universités, où j'espère faire triompher l'Evangile. » Une fois que je me serai fixé au milieu de ce peuple, » je vous instruirai de ses mœurs, de sa littérature, de » sa religion, de son gouvernement. Je ferai plus : je » donnerai tous ces détails à l'université de Paris, afin » qu'elle les communique à toutes les universités de

» l'Europe. On compte treize cents lieues d'ici au » Japon ; il faut passer par le détroit de Malacca, dou- » bler le cap, longer les côtes de la Chine. Les périls » de ces mers sont tels que nos marins s'estiment heu- » reux si, de trois navires, ils en sauvent un ; cependant » ils ne font sur moi d'autre effet que de m'animer » davantage, tant la perspective est belle. »

Cette résolution, annoncée avec la simplicité des premiers apôtres, demanda de longs préparatifs. Le temps resta contraire, et ce ne fut que le 24 juin 1549 que l'on put mettre à la voile. Le missionnaire français était accompagné des trois Japonais et des Pères de Torrez et Juan Fernandez. Le voyage fut heureux ; on arriva le 15 août, jour de l'Assomption, à Kangoxuma. « Voici, mes frères, dit Xavier en souriant, un heureux » présage. La sainte Vierge nous protègera. »

Les Japonais, au dire de l'apôtre, qui passa au milieu d'eux près de trois ans, sont un peuple industrieux, brave, honnête et poli; d'autres relations nous ont appris plus tard que, de tous les Orientaux, ils étaient les plus sympathiques à la civilisation européenne. Aussi les voyageurs reçurent-ils, tant des parents de Paul de Sainte-Foi que du gouverneur et des principaux seigneurs de Saxuma, un accueil plus que bienveillant. Le nouveau chrétien crut de son devoir de rendre une visite au roi ; elle eut les plus heureux effets, et la reine-mère demanda qu'on voulût bien lui transcrire les principaux dogmes de la religion, ce que Paul s'empressa de faire.

Nous n'avons pas à suivre Xavier dans ses travaux au Japon, quelqu'admirables qu'ils puissent être, quels que soient les fruits à en retirer. D'autres écrivains ont publié la vie du saint homme, mieux que nous ne saurions le faire. Arrivons à la persécution.

III

DÉJA plusieurs conversions dans la famille de Paul de Sainte-Foi et le grand nombre de ses amis, avaient éveillé l'attention, la haine des bonzes, et leurs sollicitations auprès du roi faisaient plus difficiles de jour en jour les progrès de la mission. Les instructions peu suivies, les prédications publiques interdites, la populace soulevée, les missionnaires poursuivis dans les rues; tel état de choses qui avait succédé à la faveur d'abord bien marquée du monarque. Il y avait bien de temps à autre quelques consolations; mais d'autres projets, nés de ses observations, occupaient l'esprit de l'apôtre. Tous les voyageurs qui ont pu parcourir la Chine et le Japon ont constaté chez les deux peuples une affinité de caractère très prononcée, avec cette particularité que les Japonais reconnaissent à tort ou à raison la prééminence des Chinois et professent à l'égard de ce pays une espèce de vénération. Le saint homme crut donc qu'en faisant accepter le christianisme dans l'Empire du Milieu, il lui serait plus facile de l'introduire dans l'Archipel. Il régla donc les affaires de l'Eglise naissante, résilia ses pouvoirs entre les mains du Père Torrez, et partit pour Canton. Dieu sans doute le trouvait mûr pour le ciel, et après tant de labeurs voulut lui éviter des fatigues nouvelles, car il tomba malade dans l'île de Sancian, et, comme le législateur des Hébreux, mourut en vue de la terre promise. C'était le 2 décembre 1552; l'Apôtre des Indes comptait à peine 46 ans. Son corps fut transporté à Goa.

A dater de cette époque, commence au Jopon l'une des persécutions les plus terribles qui aient éprouvé la chrétienté.

On comptait au Japon quatre communautés catholiques, donnant l'exemple d'une piété, d'une charité dans laquelle les néophytes semblaient rivaliser de zèle, s'exerçant aussi bien envers les idolâtres qu'entre les corréligionnaires : l'île de Firando, les royaumes de Saxuma et de Bungo dans le Kiu-Siu, et, dans la grande île de Niphon, le royaume presque entier d'Amanguchi.

Aux Pères Torrez et Fernandez, à Paul de Sainte-Foi, vinrent se joindre Balthazar Gago, Edouard de Sylva et Pierre d'Alcaceva, envoyés, pendant sa maladie, par François Xavier lui-même. Il serait trop long d'énumérer ici les conversions rapides opérées en quelques mois par les missionnaires dans toutes les classes de la société; j'ai hâte d'arriver au sublime et déchirant tableau que nous offrira, dans quelques lignes, cette Eglise, qui, comme ses aînées, devait croître dans le sang et triompher par le martyre. Qu'il vous suffise de savoir que le christianisme pénétra partout, à la cour, à l'armée, chez les seigneurs et parmi le peuple. Le Saogun, ou chef du pouvoir temporel, sembla le favoriser un instant; oh! ce n'était pas, comme nous verrons plus loin, que son âme se fût ouverte aux lumières de notre sainte religion; mais il était heureux d'humilier, d'amoindrir aux yeux de la multitude le chef spirituel, le Daïri, dont l'autorité balançait la sienne. Aussi, plusieurs bonzes ayant abandonné les idoles, les protégea-t-il lui-même contre la fureur de leur chef.

Cette bienveillance toute politique n'empêcha pas de s'ouvrir l'ère des martyrs. Ce fut une pauvre esclave qui obtint la première palme. Baptisée par le Révérend Père Villela, elle avait reçu le doux nom de Marguerite en échange de celui de Saâla qu'elle portait dans ses premières années; or, elle servait à Firando un païen et se rendait le matin et le soir, hors la ville, à l'assemblée des chrétiens, tenue encore autour d'une croix sur un petit monticule. Son maître s'aperçut de ses fréquentes absences et la suivit. Quelle ne fut pas sa fureur en la voyant se prosterner au milieu des *maudits*, devant le signe détesté de la domination étrangère. Ceci a besoin d'explication : une croyance avait été semée chez les grands, et le peuple l'accueillit avec indifférence sans doute, mais sous une impression mauvaise. La religion chrétienne, disait-on alors, n'est que l'avant-coureur des conquêtes politiques; lorsque les Européens se sont créé des adeptes, des partisans par les dogmes, l'épée les suit de près. Aussi les Saoguns et les roitelets leurs vassaux s'armèrent-ils tout d'abord contre les missionnaires. On ne se contenta plus de la défiance; le mépris, l'insulte publique s'y mêla, et quand la sublime résignation des Pères eut vaincu la haine de leurs ennemis, il fallut bien se rabattre sur les néophytes et semer la terreur à défaut de raison. L'esclave Saâla eut la gloire de voir son nom inscrit à la tête de cette liste sainte qui devait être longue à clore. Comme elle revenait de la réunion hebdomadaire, Marguerite se trouve face à face avec son maître; le terrible Japonais tenait à la main un poignard aux riches ciselures. Saâla a tout compris et tombe à genoux au milieu du chemin, recommandant son âme à celui qui sur le Calvaire signa de son sang sa doctrine divine. Un instant après sa tête roulait dans la poussière et son âme montait au ciel.

On comptait à cette époque au Japon près de deux cent mille fidèles, assure Godescard, et la métropole de Méaco jouissait d'une magnificence inouïe, au grand désarroi du Daïri qui y fait son séjour. Il faut rapporter à cette époque un événement mémorable que l'année 1862 a vu se renouveler en France; je veux parler de l'ambassade japonaise, envoyée par la chrétienté orientale à ses frères de l'Occident.

Rome se présentait alors sous l'auréole glorieuse dont l'a couronnée le premier disciple du Christ. La tiare avait depuis longtemps fait oublier le diadème des Empereurs, et, Ville sainte par excellence, elle ne s'attardait pas aux rêves ambitieux des Césars, qu'est venu raviver notre siècle. Ce fut dans le mois de février 1582 que l'ambassade prit le large, avant un voyage aventureux que nul n'avait jusqu'à ce jour tenté, avec Rome pour étoile polaire. L'Occident reçut les voyageurs avec les sentiments de l'hospitalité la plus fraternelle, et, quand ils rentrèrent dans leur patrie, ils eurent à faire des récits merveilleux sur les contrées lointaines qu'ils venaient de visiter et le bienveillant accueil de leurs frères romains, ainsi qu'ils appelaient les catholiques. Mais la relation du pélerinage ne pouvait déjà plus se faire en plein soleil, les réunions étaient défendues, les nombreux adeptes de la religion nouvelle proscrits ou persécutés.

Taïco-Sama était monté sur le trône. Malgré ses cruautés, il est resté dans l'histoire japonaise, comme une des grandes figures de son époque. Tour-à-tour bûcheron et valet, il sut profiter d'une révolte de cour pour s'asseoir sur le trône de Nobunenga, son maître. Le Daïri, écrasé par ce triomphe étrange, hors d'état de lutter contre la nature sanguinaire du nouveau Saogun, fut réduit à une obéissance passive, et Taïco, dont l'esprit soupçonneux croyait deviner derrière la croix la bannière de l'invasion portugaise, se déclara contre les missions et les peuples de ses états déjà baptisés. Dieu donna des signes de sa colère, regardés comme un triste présage par les nouveaux convertis; toutefois les Pères avaient, dans leur sagesse, fait pressentir les menaçantes éventualités qui se préparaient de toutes parts, et les phénomènes célestes ne troublèrent en rien la fermeté de leurs disciples.

Ecoutez :

« Le 22 juillet 1596, dit Solier dans son histoire du » Japon, tomba quantité de cendre, menue comme » neige, qui couvrit les arbres et les maisons de Méaco, » et dans les villes de Sacaï et d'Osaca plut du sable » fin, puis des cheveux blancs. A Osaca, le 4 septem- » bre, un tremblement de terre jeta bas toutes les » superbes constructions de Taïco, opprimant six cents » personnes; de même à Méaco le lendemain; et l'abattis » des maisons fut si grand qu'il y mourut soixante-douze

» concubines de Taïco, beau meuble d'enfer. Taïco » sauta de son lit, emportant son fils dans ses bras, et » demeura longtemps sans oser dormir dans une mai» son quelconque, mais dans une cabane de cannes et » de roseaux. »

Tel est le récit naïf d'un témoin oculaire ; il est permis, sans être superstitieux, d'y voir le doigt de la Providence, puisque les païens, à la mort de César par exemple, se trouvaient frappés de stupeur en présence de phénomènes analogues. Les esprits forts regardent sans doute en pitié ceux qui croient à un avertissement physique du ciel ; mais la coïncidence souvent répétée des perturbations du globe et des crises politiques nous donne bien le droit de n'être pas de leur avis.

Presque toujours la licence des mœurs du prince a donné lieu aux persécutions qui exaltèrent les Eglises naissantes. Suivant les mœurs orientales, le Saogun traînait après lui de malheureuses femmes qu'il sacrifiait à ses passions. Etait-ce la religion des bonzes qui pouvait l'éclairer à cet égard? mais les premiers pourvoyeurs de ses plaisirs sont les bonzes eux-mêmes, qui ne croient pas acheter trop cher un regard complaisant, une faveur légère. Jusqu'à ce jour les usages du pays avaient servi merveilleusement les passions du roi; quelle femme ne se serait honorée de compter parmi ses épouses?

Tout-à-coup surgit une religion toute de chasteté, qui condamne la licence autour du trône comme dans la plus humble cabane. Elle apporte un dogme étrange, la monogamie sanctifiée par Dieu, l'Unique, le Souverain, la famille sous les yeux de l'homme et de sa compagne; remarquons une chose : la lutte au berceau de toutes les chrétientés.

Taïco-Sama n'a que des passions ; ce sont ses passions qu'on attaque, il vient se heurter contre la vertu sublime, inconnue aux religions anciennes, le respect de la vierge et de sa volonté. Dès lors, vaincu par le christianisme, étonné de trouver une résistance indomptable où il espérait une reconnaissance sans bornes, le Saogun se prépare à la vengeance. Ignorant le juste et l'injuste, il voit une doctrine nouvelle au nom de laquelle on lui résiste ; c'est contre elle qu'il va sévir. Le titre de chrétien suffira.

Voici un nom célèbre dans les fastes de cette persécution glorieuse ; Justin Ucondom était généralissime de l'empereur, et lui avait rendu d'importants services. Sur lui tombera tout d'abord l'aveugle colère du Saogun. On le disgracie, on l'exile en le privant de toutes ses dignités, et rien ne l'émeut, parce qu'il avait appris de l'Evangile une vertu que les païens appelèrent du nom superbe de stoïcisme, et les disciples du Christ de celui si doux de résignation. Cet essai de la tyrannie, néanmoins, n'arrêta pas encore les progrès de la civilisation catholique ; je renonce à vous peindre les efforts des missionnaires, leur union, quoiqu'on ait essayé de nous les montrer rivaux les uns des autres, suivant leur ordre ; il y eut une abnégation, une audace sainte, dont la charité seule est capable. *Donnez votre âme à Dieu*, disent-ils, *et rendez à César ce qui lui appartient.*

Le supérieur des jésuites, Coïglio, reçoit l'ordre de quitter le Japôn avec tous ses coopérateurs et de gagner les Indes avant six mois. Quels regrets ne dut-il pas éprouver en songeant que cette laborieuse campagne devenait inutile, que dans quelques jours sans doute la ferveur s'éteindrait dans le sang, et les néophytes, abandonnés à eux-mêmes, retourneraient à leurs superstitions premières. L'épreuve fut cruelle; mais qui peut dire les biens que tire la Providence de ces luttes apparentes?

Comme si tous les malheurs devaient frapper à la fois les Eglises du Japon, les rois de Sumitanda et de Bongo, provinces considérables, meurent en même temps. C'est en vain que désormais lutteront les autres; Taïco-Sama les surprendra par la ruse, s'il n'en a pas raison grâce à sa férocité. Vers la fin de 1596, trois jésuites, dont deux novices, sont arrêtés. L'histoire nous a conservé leurs noms. Ce sont le Père Paul Miki, Diego Kisaï et Jean Gotto, puis six franciscains.

Toute la fureur du Saogun n'était que la glorification de notre sainte religion; il éclatait de toutes parts une ferveur inexprimable, et le martyre ne paraissait que le chemin abrégé de la vie pour arriver au ciel. On n'attendait plus les ordres des officiers de l'empire; chacun courait au-devant de leur fureur, reconnaissant, pour ainsi dire, d'être accepté en victime.

Il faut cependant, mes amis, placer ici une observation, un peu sérieuse peut-être pour votre âge, mais que nous tâcherons de bien comprendre à nous tous. L'histoire est impartiale et s'occupe fort peu des influences qui peuvent peser sur les événements. La persécution de Taïco-Sama eut quelque chose de regrettable et d'étrange. N'allez pas croire que le Saogun poursuivit notre doctrine, cependant; il n'avait contre le christianisme aucune haine, peut-être même aucun préjugé. Abaisser le Daïri par les missionnaires lui avait paru un acte de haute politique, dût-il froisser les susceptibilités de ses sujets; mais les Portugais, par leur orgueil et l'esprit de conquêtes qui s'était emparé d'eux, gâtèrent tout. L'âme ombrageuse du Saogun craignit pour ses états, peut-être aussi pour sa couronne, et dès lors quelle considération pouvait l'arrêter?

Voici l'époque la plus glorieuse de la chrétienté japonaise; si la divinité du Christ n'éclata jamais avec plus de splendeur que sur le Calvaire, il est vrai de dire que la puissance fécondante de son sang ne produisit jamais plus de glorieuses victimes.

Un édit proscrit les chrétiens en masse, et de même que, seize siècles auparavant, le dénombrement des enfants innocents de la Judée avait déterminé leur massacre, ainsi les listes fatales, dressées par l'ordre de Taïco-Sama, envoyaient au supplice, sans enquête, sans distinction d'âge, ni de sexe, ni de condition, tous ceux qui fréquentaient les églises catholiques. Elles furent longues à clore les tables funèbres! Eh bien! toutes les prévisions étaient surpassées; à mesure que fauchait la mort, des épis tombés naissaient de nouveaux épis : c'était à lasser le bourreau.

Je ne sais, mes jeunes lecteurs, si je dois reproduire à vos yeux un de ces épisodes sanglants que nous a conservés la tradition, et dont la relation subsiste encore dans les livres miraculeusement sauvés des missionnaires japonais. Ecoutez, voici la liste des vingt-six martyrs :

Le Père Paul Miki, prédicateur aussi intrépide qu'entraînant; Diego Kisaï, portier; Jean de Gotto, catéchiste, tous trois japonais; le Père Pierre Baptiste, le Père Martin d'Aguirre ou de l'Ascension, le Père François Blanco, Philippe de Las-Cases, Gonzalès Garcia et François de Saint-Michel, de l'ordre des franciscains;

Paul Surquezy, catéchiste, François de Méaco, médecin; Bonaventure, ancien bonze; Jean Chimoya, domestique; Thomas d'Anki, interprète; Léon Taraïmaro et Paul Imarki, interprètes; Gabriel de Duisco; Cosme de Takuggia; Michel Cosaqui, armurier; Mathias, pourvoyeur aux vivres; Joachim Saccaquibarra, infirmier; Louis, Antoine, Thomas, trois enfants; Pierre Cosaki et François Dunto.

C'était le 3 janvier 1597. Un jour splendide se levait sur Méaco, un beau jour certes pour le Daïri découronné, espèce de roi fainéant, qui réduit à ses fonctions religieuses, craignait encore de se les voir enlever. La place publique fut encombrée de bonne heure par la foule; mais il n'y avait dans cette population immense aucune expression de menace ou de haine; le silence le plus profond règne dans les rangs, silence désapprobateur, dont Taïco-Sama ne se donne aucune inquiétude, parce que les Japonais sont des esclaves, il le sait bien; qu'importe que la tempête gronde au fond de leur âme, que leur cœur soit en proie à toutes les angoisses? Ils se tairont, parce que deux anges de mort planent sur leurs têtes, le despotime et la peur. Aussi vainement les cavaliers, leur sabre étincelant de dorures à la main, parcouraient-ils le champ réservé au supplice; on ne songeait pas plus à les insulter qu'à leur applaudir. Mais il y avait là des douleurs muettes, de sombres désespoirs, et les chrétiens comptaient plus d'amis que la multitude n'en laissait paraître. Dans notre Europe franche et bonne, on ne se fût pas ainsi maîtrisé; les sympathies auraient éclaté tout d'abord, et le Saogun pas plus que le Daïri ne se serait hasardé à lutter contre la foule; au Japon, on se tait par crainte si ce n'est par prudence; on se tait et l'on souffre.

Au milieu de la place, un échafaudage se dresse, sombre et lugubre; les bourreaux sont là debout, le sabre recourbé à la main, regardant vers l'orient d'un œil sinistre. Bientôt, au bruit des fanfares, le Daïri sort de la grande Pagode, affublé des vêtements somptueux et ridicules de sa dignité. Un long murmure accueille sa présence; mais pas un cri d'enthousiasme ne se fait entendre; le peuple du Japon, l'un des plus bienveillants parmi les orientaux, est d'une excessive timidité en face des grands, et c'est déjà un acte héroïque que de protester par son silence. Il le savait bien Taïco-Sama, lorsqu'il chargea le pontife de présider à la cérémonie sanglante, ne voulant pas, sans doute, exposer au mépris, sinon aux insultes de la populace, Sa Majesté Impériale!

A mesure que le chef des bonzes gravissait les degrés de l'estrade, sur laquelle s'élève le trône préparé pour l'horrible fête, des voix se font entendre... Ce ne sont pas des cris de malédiction, ce ne sont pas des blasphèmes. Non, ceux qui vont mourir s'inclinent devant Dieu, et, plus héroïques mille fois que les gladiateurs de Rome, bénissent la main qui les frappe pour les réunir à lui.

Mais le signal est donné; il faut marquer les victimes pour la boucherie. Le Révérend Père Paul de Mirki, la lumière de l'Eglise japonaise, s'avance le premier, envié de tous ses compagnons de souffrances, et, suivant la coutume de l'Empire, il a l'oreille coupée. Qu'il s'échappe maintenant; il est hors la loi, chacun pourra lui courir sus et le tuer, comme une bête sauvage, sans encourir aucune peine. Oh! ce n'est pas dans le camp des martyrs que l'on compte jamais des déserteurs. Tour-à-tour ses vingt-cinq compagnons ont subi l'ignominieux supplice, la terre est arrosée de sang, elle est sanctifiée, et, durant cette longue exécution, pas une plainte ne s'est fait entendre, et dans les rangs populaires à peine si le silence a été oublié, sauf les cris salariés de quelques bonzes fanatiques, jaloux de faire éclater leur zèle sous les yeux de leur Daïri.

Mais ce n'est point à Méaco que le sacrifice doit être consommé. L'exemple terrible de la justice du Saogun n'y porterait que peu de fruits. Nangasaki est la Rome de la chrétienté japonaise. C'est là qu'il faut frapper et les victimes désignées et les victimes volontaires, l'arbre dans la racine.

On ne laissa pas le temps aux plaies de se cicatriser; dès le lendemain, il fallut se mettre en marche. Le mois de janvier sévissait avec toute sa rigueur dans l'île de Kiu-Siu, dont le peu d'étendue et la proximité des mers rendent le climat d'une inclémence rare. Tandis que le chef de la justice était porté dans son palanquin, les malheureux martyrs marchaient entre deux haies de soldats à cheval, et la bise glacée leur fouettait le visage, et dans leurs sandales leurs pieds fatigués saignaient.

La religion ne se montra jamais aussi belle que sur la croix. Jésus au Thabor, dans toute la splendeur de sa divinité, Jésus ressuscité, Jésus montant au ciel après un triomphe inouï, ne me paraît pas aussi grand que le Nazaréen expirant au Calvaire. Les mystères glorieux sont inhérents à la puissance divine; Dieu abaissé dans l'homme jusqu'à ce que l'homme a de plus bas, confond la raison, l'intuition humaine.

Aussi les vingt-six martyrs, condamnés désormais sans retour, excitaient-ils sur leur passage un véritable enthousiasme ; les populations accouraient de toutes parts, heureuses d'obtenir un sourire, une parole des augustes pélerins. Cette marche lugubre fut plus utile à la religion catholique que la cruauté de Taïco-Sama ne lui fut nuisible. On arriva donc à Nangasaki, après cinq jours de fatigues mortelles. La ville entière était aux portes, la rade se couvrait de Chinois, de Portugais, d'Espagnols, de Français, de Coréens, tous bannis par un édit récent de l'empire, tous accourus pour ajouter à la solennité du grand jour, du jour sanglant, mais fécond.

Ce fut à la fois un spectacle triste et glorieux. Vingt-six croix étaient dressées sur une des collines qui avoisinent la seconde ville de Kiu-Siu, dominées par cette inscription aussi stupide que féroce :

« Moi, Taïco-Sama, j'ai condamné ces gens à la » mort, parce qu'ils sont venus des Philippines, se » disant ambassadeurs et ne l'étant pas, qu'ils ont » séjourné dans mon empire sans ma permission, et » prêché leur loi, malgré ma défense. Je veux qu'ils » soient crucifiés à Nangasaki. »

Or, ce crucifiement ne ressemble pas en toute façon au supplice européen. Voici la description du Père Charlevoix :

« Les croix du Japon ont vers le bas une espèce de » bois en travers, sur laquelle les patients ont les pieds » posés, et une espèce de billot, au milieu, où ils sont » assis. On les lie avec des cordes par les bras, les » cuisses et le milieu du corps ; on ajouta à ceux-ci » un collier de fer qui leur tenait le cou fort raide. » Dès qu'on a placé la croix dans son trou, un bourreau » perce celui qui y est attaché d'une lance qui, entrant

» par l'épaule, sort presque toujours par le côté. Quelquefois cela se fait en même temps des deux côtés, » et, si le patient respire encore, on redouble sur le » champ, de sorte qu'un homme ne languit point dans » ce supplice. »

Jamais peut-être spectacle plus sublime ne s'offrit aux yeux de l'humanité. Aux vociférations des bourreaux répondent de toutes parts les cantiques saints des martyrs. « Mourez, s'écriait-on dans les rangs pressés des néophytes, mourez et priez le Dieu que bientôt vous allez voir, de nous appeler au témoignage. » Vous dirai-je le courage de Paul Miki, prêchant du haut de sa croix, et, comme le divin Maître, répétant de temps à autre l'absolution sacrée : *Pardonnez-leur, mon Dieu, car ils ne savent ce qu'ils font.* Pierre Baptiste de l'Ascension, ordre de saint François, chantait le *Magnificat* et sa voix se mêlait à celle de ses co-martyrs.

Mais l'heure est venue, la piété ébranle les spectateurs, un long frémissement parcourt les rangs épais et la révolte est menaçante. Sur un signe, les hommes de la vengeance japonaise s'avancent, les lances se perdent dans le flanc des condamnés, qui, les yeux levés au ciel, semblent l'en remercier comme d'une grâce insigne, tandis que morne, le front baissé, le cœur plein de colère, la foule regarde stupéfaite, terrifiée, se demandant pourquoi la vertu est suspendue ainsi au gibet du crime, pourquoi l'on ceint d'épines ceux qu'elle aurait couronnés de roses.

Et le sang coulait, et tandis que soupirait et sanglottait l'assistance, des voix pures, inaltérées, chantaient à Dieu le dernier Hosannah de la terre. Le révérend Baptiste expira le dernier. Vous ne sauriez vous représenter, jeunes lecteurs, le tableau qu'offrirent alors la plaine et la colline des martyrs. Le peuple s'ébranla, et, semblable à la mer montante, qui renverse tout sur son passage, brisa les palissades, força les rangs des soldats.... On courait, on courait de toutes parts au versant de la montagne, empressé de recueillir quelques gouttes du sang sacré qui coulait là-haut. « Encore une » persécution comme celle-ci, murmura le Daïri cons- » terné, et c'en est fait. Le christianisme est vain- » queur. »

Pendant plus de soixante jours, les corps des suppliciés restèrent attachés à la croix, objets des visites pieuses des fidèles, de la terreur du Saogun, qui sentait se remuer au sein de son empire comme une lave qui gronde dans l'abîme d'un volcan. Le ciel lui-même, d'ailleurs, par des météores inconnus jusqu'à ce jour à l'extrême Orient, semblait donner des marques non équivoques de sa colère, et les Japonais effrayés regardaient toujours du côté de la sanglante colline.

Voilà ce qui nous est parvenu par les récits des témoins oculaires, et par la tradition locale, de cette persécution de Taïco-Sama qui ouvrit à ses successeurs la voie ensanglantée qu'ils n'ont que trop suivie. Nous ne poursuivrons pas le récit des horreurs dont fut le théâtre l'empire le plus propre à nos croyances ; je ne vous dirai pas la lutte de la foi populaire contre l'ambitieux, l'ombrageux orgueil des Saoguns qui se succédèrent tour-à-tour sur le trône de Jeddo. Ces pages lugubres se rencontrent à chaque pas dans l'histoire ecclésiastique de toutes les nations. Qu'il vous suffise de savoir que les vingt-six martyrs trouvèrent de nombreux imitateurs jusqu'au jour où devant la frénésie de Cubo-Sama, successeur de Taïco, les catholiques épuisés se retirèrent dans leur for intérieur et ne se crurent plus assez nombreux pour exposer au supplice le germe précieux apporté par Xavier et ses compagnons d'apostolat.

Bien des années se sont écoulées depuis, et, grâce aux sollicitations d'un des plus grands monarques de l'Europe, nous pouvons espérer qu'enfin l'arbre refleurira. L'ambassade japonaise, qui vient de visiter l'Europe, a pu voir, en France surtout, comment chez les occidentaux la générosité de la civilisation se double par la mensuétude religieuse. Nous consacrerons, à la fin de ce petit ouvrage, un chapitre entier à l'avenir du catholicisme dans les provinces les plus orientales de l'Asie.

IV

Il s'est écoulé deux cent soixante-deux ans du martyre de Nangasaki à la canonisation entreprise par le pape Pie IX. Plusieurs prodiges avaient éclaté; un remarquable, entre tous, fut le sang qui, après deux mois d'exposition aux oiseaux de proie, jaillit du flanc du Père Jean-Baptiste, aussi frais, aussi vermeil que le jour où l'atteignit la lance du bourreau.

Nous estimons trop nos jeunes lecteurs pour craindre en eux le sourire moqueur de certaines gens, dites du monde, qui n'interrogeant jamais le miracle incessant qui s'opère autour d'eux et en eux-mêmes, n'ont qu'une orgueilleuse incrédulité pour les actes de la Providence, qui peut suspendre ou arrêter, à son gré, l'ordre établi par elle. Ne serait-ce pas en effet une chose étrange, une négation de Dieu, que de croire qu'il ne peut rien changer à la destination première, qu'il est l'esclave de sa chose, quoiqu'il ait prévu dès avant le commencement des siècles l'époque précise des modifications.

En 1623, Urbain VIII montait sur le trône; les souffrances glorieuses des Japonais étaient encore dans toutes les bouches, l'Eglise d'Occident les racontait aux fidèles pour exciter leur ferveur, et vous ne sauriez croire ce qu'ajoutaient au merveilleux de ce récit l'éloignement du théâtre, l'ignorance absolue des mœurs de ces peuples barbares, grandies encore par la renommée.

Des informations juridiques minutieuses furent prises sur les lieux, les témoins oculaires, il ne s'était écoulé que vingt-six ans, étant prêts encore à signer leur déposition de leur sang; le gouverneur des Philippines, à qui avaient été rendus les restes précieux, déposés à Manille; le Père supérieur des jésuites de Méaco (Chine), qui avait reçu le corps des trois martyrs de son ordre, tous, de vive voix ou par les écrits qu'ils avaient laissés, attestaient des faits tels, que le pape permit d'honorer les vingt-six martyrs comme Bienheureux, et d'en faire l'office.

Ce n'était point assez encore; Dieu, qui mesure la gloire aux douleurs, leur réservait un triomphe digne de leur courage, et notre Saint-Père Pie IX, aux yeux de qui nulle vertu n'échappe, résolut leur canonisation dans le mois de janvier 1862.

Voici la lettre adressée à tous les évêques par son Eminence le cardinal Caterini, préfet du sacré-collége :

« Illustrissime et révérendissime seigneur,

» On ne pouvait me donner un ordre plus agréable que d'annoncer, au nom du Saint-Père, à Votre Grandeur, que Sa Sainteté a résolu de convoquer, pour le mois de mai prochain, deux consistoires semi-publics, après lequels, le jour de la Pentecôte, seront proclamés au nombre des saints les bienheureux martyrs japonais, Pierre-Baptiste et ses compagnons, de l'Ordre franciscain des Mineurs observants; le bienheureux Michel des Saints, confesseur de l'Ordre de la Très-Sainte-Trinité de la Rédemption-des-Esclaves. Sa Sainteté donc, suivant l'exemple de ses prédécesseurs, aurait voulu réunir à Rome, sous son autorité, les évêques d'Italie, afin que, dans une affaire de si haute importance, ils pussent donner leur opinion bien réfléchie, et par leur présence augmenter la grandeur de cette solennité. Mais durant les calamités déplorables dont la majeure partie de l'Italie est affligée, et qui ne permettent pas aux pasteurs de s'éloigner de leurs troupeaux, elle a jugé cette fois convenable de s'écarter de l'usage ordinaire.

» C'est pourquoi le Saint-Père a daigné m'ordonner d'adresser cette lettre, non-seulement aux évêques d'Italie, mais à ceux du monde catholique, afin de leur donner l'heureuse nouvelle de cette affaire, et en même temps de leur déclarer que ce serait pour Sa Sainteté une chose très agréable de voir tous les évêques qui, soit de l'Inde, soit des autres parties du monde, jugeront à propos de faire ce voyage à Rome, sans préjudice pour les fidèles et sans aucun obstacle, afin d'assister aux consistoires et à ces grandes solennités. Du reste, ce voyage à Rome, dans le cas où on pourra l'accomplir pour se conformer à l'intention du Saint-Père, sera considéré comme pouvant satisfaire à l'obligation de la visite *sacrorum liminum*.

» Rome, 18 janvier 1862.

» Le cardinal CATERINI, *préfet*. »

Sur cette convocation solennelle, on s'empresse de toutes parts, et la cérémonie de la canonisation est fixée au dimanche 8 juin. Les circonstances étaient difficiles ; les ennemis de l'Eglise, ambitieux sans foi aucune, ne voyant dans les grands intérêts du ciel que les mesquins intérêts du siècle, dénoncent une menée politique. Il y eut cependant quelque chose de providentiel dans la coïncidence de l'ambassade japonaise en Europe et la glorification des martyrs du Japon. Au moment où les deux extrêmes empires de notre hémisphère renouaient leur alliance si longtemps interrompue, la voix de Jésus-Christ, se faisant entendre du haut de la Chaire de Pierre, vont à l'immortalité bienheureuse ceux dont le sang l'avait cimentée d'abord.

Et de tous les coins du globe les cardinaux, les archevêques, les évêques, le clergé tout entier accourait à l'invitation du Pontife souverain. Les lumières les plus éclatantes de l'Eglise de France, les hauts dignitaires de la chrétienté espagnole, de la Turquie d'Europe, revenue récemment au giron du catholicisme, les apôtres des régions lointaines de l'Asie et de l'Afrique, jusqu'aux prélats des deux Amériques, sont venus solennellement rendre les honneurs aux martyrs, et protester de leur respect au Saint-Siége.

Il y eut dans l'enfer des grincements de dents.

Ce fut le jeudi vingt-deux mai que se tint dans le

palais si célèbre du Vatican le premier consistoire, présidé par sa Sainteté elle-même. Le pape avait voulu que la plus grande pompe fût déployée à cette occasion, et, vous pouvez le croire, ce fut un spectacle digne d'admiration que cette assemblée des patriarches de la foi, représentants des apôtres, commandant au monde spirituel du levant au couchant, du sud au septentrion. Là, tous les peuples étaient représentés, civilisés ou barbares, jeunes ou vieux dans la croyance, produisant des fruits de vie ou ne donnant que des espérances encore. Le Saint-Père se leva, et dans une de ces allocutions pleines de sensibilité comme il sait les faire, exprima le plus vif désir de procéder à la canonisation des martyrs japonais, tout en demandant l'avis du sacré-collége. Trente-trois cardinaux et plus de cent vingt archevêques et évêques étaient présents. Chacun d'eux, à son tour, lut son vote, qui n'était qu'une adhésion, et le signa. Le maître des cérémonies pontificales dut constater aussitôt que l'assentiment était unanime. Tant de concorde, au milieu des dissensions qui éclatent dans le monde laïque, fut un baume pour le cœur de Pie IX; il en exprima toute sa joie, et ne put s'empêcher de pleurer aussi sur les défections rares, mais toujours trop nombreuses de la catholicité. Les prélats se séparèrent, après une séance de quatre heures. Le vendredi matin se tient un deuxième consistoire, et la canonisation du bienheureux Michel des Saints, confesseur de l'Ordre de la Très Sainte-Trinité de la Rédemption-des-Esclaves, est soumise aux lumières, à la décision de l'aréopage catholique.

Trente-six cardinaux, cent cinquante patriarches, archevêques ou évêques s'étaient réunis; monseigneur Melesbos, de Constantinople, auquel appartient la gloire d'avoir fait rentrer dans l'unité les dissidents grecs, y assistait, et une seule nation, le Portugal, n'avait pu se faire représenter. Toutefois il envoyait bientôt une adhésion complète et solennelle aux actes et sentences de leurs frères dans l'épiscopat.

L'Eglise pèse mûrement ses décisions; quatre heures et demie furent employées à l'examen des pièces à l'appui de la canonisation, que, du reste, l'on proclama à l'unanimité.

Ainsi, trois des martyrs étaient reconnus dignes du rang suprême que l'Eglise peut accorder à ses enfants : Le Père Jean-Baptiste de l'Ordre franciscain des Mineurs observants, le bienheureux Michel des Saints et Paul Miki, de la compagnie de Jésus, avec leurs compagnons.

Jamais Rome n'avait offert une assemblée si auguste; Rome païenne a pâli devant la cité du Christ.

« La canonisation des martyrs du Japon, dit un » historien dont la partialité ne saurait être mise en » doute, va devenir un grand événement par le nombre » des prélats et des ecclésiastiques qui, tous les jours, » arrivent à Rome pour assister à cette cérémonie. »

Au moment, en effet, où ces ces lignes étaient écrites, on comptait cent-quatre-vingt-dix-neuf prélats, quatre cardinaux, deux patriarches et plus de deux mille prêtres. Ici, jeunes lecteurs, arrêtez-vous un instant., et glorifiez-vous d'être Français; la France gardera toujours la tradition divine, et, s'il m'est permis, en passant, de me servir du texte saint, les portes de l'enfer ne prévaudront pas contre elle.

Aucune Eglise, en effet, n'avait envoyé à Rome autant de représentants que la nôtre; pour aucune, non plus, le Saint-Père ne donna de plus vifs témoignages d'affection.

Pie IX s'est montré d'une courtoisie affectueuse envers les membres de notre clergé, étendant sa sollicitude aux détails les plus minutieux, et mettant à la disposition des ecclésiastiques français des établissements où deux cents prêtres au moins ont trouvé un séjour gratuit. Ah ! c'est qu'il aime la France, et, comme il le disait dans son style imagé : *De la France il me vient de l'or, et de la myrrhe du Piémont.* Oui, mes jeunes lecteurs, nous sommes et serons toujours les fils aînés de l'Eglise Romaine.

La municipalité de l'antique ville des Césars partageait d'ailleurs ce noble enthousiasme, et déclara nobles romains tous les évêques étrangers arrivés pour la canonisation, tandis que, d'autre part, une société de citoyens faisait frapper une médaille commémorative d'argent pour l'offrir à chacun des évêques étrangers.

Et voyez comme de ces assemblées vénérables jaillit toujours quelque charitable pensée !

J'aurai sans doute à vous entretenir un jour de la triste position de nos églises d'Orient, où le mahométisme féroce persécute sans relâche, hélas ! et sans redouter de représailles, les malheureux chrétiens ; nous gravirons ensemble les montagnes du Liban, collines sanctifiées par tout ce qu'a eu de plus grand la religion sainte dont elles furent le berceau, et le plus vif sentiment de tristesse s'emparera de vos âmes, en voyant la Jérusalem sainte profanée par les pas impurs du musulman, les catholiques fils du sol poursuivis sans trêve par la haine cupide des partisans du prophète menteur; un jour et pour vous, seul espoir de l'avenir, j'esquisserai à grands traits les luttes du Druse stupide et brutal contre le Maronite sans défense. Qu'il vous suffise aujourd'hui de savoir que là-bas tout est dans la détresse; un évêque ne possède pas autant de richesses que le plus humble curé de nos villages, et le fruit de ses labeurs, exposé à des attaques continuelles, ne lui rend qu'à grand'peine le prix de ses longues journées. Prélats admirables, ils oublient tout pour les chrétiens confiés à leurs soins, et c'est au sein de la misère la plus profonde que fleurit la plus grande ferveur. Aussi leurs efforts sont-ils couronnés d'un plein succès, les orientaux rentrent en grand nombre dans le giron de l'Eglise Romaine, et, grâce à eux, un jour viendra que Jérusalem sera la sœur de la cité chrétienne.

C'est donc à nous, toujours fidèles à notre sainte bannière, que revient l'œuvre de la régénération. Suivez avec moi les voies providentielles; la Judée, élue de Dieu, mère de la sagesse, civilisée au moment où le monde travaillait à sortir de la barbarie ou plutôt de son néant, la Judée tomba dans le cahos par le meurtre; nous avons vu tour à tour, dans les fastes historiques de l'humanité, les nations les plus infimes dominer le monde entier, depuis la Grèce jusqu'à la Hollande et au Portugal. Venise, Gênes, Florence ont joué successivement le premier rôle dans la grande scène qu'ouvrit l'ère du Christ; mais quelle est la puissance qui resta fidèle aux grandes traditions catholiques, et dans les luttes à jamais déplorables du XVIe siècle, se montra la fille aînée de l'Eglise? On est fier d'être Français, en songeant au serment gardé, sans parjure, à la Chaire de saint Pierre, par le peuple le plus loyal et le plus fort de l'univers civilisé!

Aussi était-ce un spectacle touchant et respectable

à la fois que celui que Rome offrait, dans ces jours, à l'admiration des fidèles. Les prêtres se comptaient par milliers, et des contrées les plus lointaines les pasteurs étaient accourus. Quelle impression ont-ils dû rapporter dans leurs diocèses isolés, à peine naissants!

Le 3 juin, monseigneur Dupanloup, évêque d'Orléans, prêchait en faveur des orientaux dans l'église de Saint-André-della-Valle, une des plus belles basiliques de Rome, bâtie sur la *scena* du théâtre Pompeï.

Plus de 120 évêques et une foule innombrable d'ecclésiastiques de toutes les nations et de séculiers occupaient l'église pour l'entendre. Plusieurs fois même, malgré la sainteté du lieu, des applaudissements ont éclaté dans l'auditoire et interrompu l'orateur. « Si les » évêques sont arrivés de France à Rome plus nom- » breux que de tout autre pays s'est-il écrié, c'est » parce que la fille aînée de l'Eglise devait se presser » avec plus de dévouement et de transport auprès de » sa mère, l'Eglise Romaine, et de son chef, le succes- » seur de saint Pierre.

Monseigneur Dupanloup parla dans la première partie de son discours des motifs qui amenaient les évêques à Rome, représentants du monde catholique dont la voix ne résonne peut-être pas aussi haut que celle de la presse, mais qui cultive au fond de son cœur les dogmes que lui ont transmis ses ancêtres, et n'a pas besoin d'aller *au fond des choses* puiser l'*amertume de la vie et la lassitude de vivre.* Dans la seconde partie, monseigneur d'Orléans a montré le devoir imposé à tous les chrétiens d'Occident de venir au secours de leurs frères orientaux. Les marques d'approbation, les signes d'enthousiasme, les bravos frénétiques et saints, pourquoi ne pas le dire? résonnaient dans l'enceinte sacrée et monseigneur Dupanloup s'est vu obligé d'interdire vivement de semblables démonstrations.

La quête fut ouverte après le discours de sa Grandeur, et faite aux portes de l'église San-Andrea par les prélats eux-mêmes; une autre collecte eut lieu par souscription. Aux premiers rangs de l'assistance et des donateurs se trouvaient les cardinaux, alors présents à Rome; parmi eux on remarquait Son Eminence l'archevêque de Paris.

Le dimanche 8 juin, à six heures du soir, l'évêque de Tulle prêchait aussi à l'église Saint-Louis-des-Français.

Ne trouvez-vous pas, mes enfants, quelque chose de grand, de souverain, de divin même dans ces réunions augustes? N'y a-t-il pas comme une confirmation de la parole du Christ : contre ces portes éternelles l'*enfer ne prévaudra jamais?* Fête sublime, protestation du monde entier apportée par ce que le monde a de plus grand, de plus vénérable et de plus divin!

Le même jour, le cardinal Altieri réunissait dans ses vastes salons la haute cléricature, et deux cents jeunes gens romains chantaient pour la quatrième fois les hymnes composés en l'honneur de Pie IX. On les avait entendus déjà à Saint-Paul, à Sainte-Agnès et sur la place du Vatican; mais le Saint-Père réunit si bien toutes les sympathies, que ses louanges ne sont jamais assez répétées.

La société chorale, au nom de la jeunesse romaine, des étudiants surtout, a présenté une adresse aux évêques, dans laquelle elle proteste de son dévouement au pape, comme pontife et roi. Monseigneur Nicolas Wiseman, cardinal-évêque de Melipotamos, se faisant l'organe de ses nombreux collégues, les remercia, les félicita de leurs sentiments, bien convaincu, ajoutait-il, que, s'il était nécessaire, ils abandonneraient la poésie et la musique pour prendre les armes et défendre le Saint-Siége. Nous n'en sommes heureusement pas réduits à cette extrémité, et le bon sens, la religion surtout, apaisera les orages qui grondent depuis quelque temps autour de la croix.

V

Une remarque très commentée et dont les circonstances actuelles ont fait justice, c'est l'absence de tous les évêques portugais à la canonisation des vingt-six martyrs. Plus que tous autres, ainsi qu'on le comprend d'après l'exposé succinct que nous avons fait plus haut, ils étaient appelés cependant à sanctionner la glorification des victimes auxquelles leurs ancêtres avaient servi de parrain. Le mariage de don Luis avec la fille de Victor-Emmanuel, roi de Piémont, a suffisamment expliqué cette abstention. L'infante dona Isabelle s'était rendue à Rome, et le Saint-Père lui donna audience le 5 juin; toutes les nations étaient représentées.

Rien n'égala jamais le tableau qui se déroulait le 6 juin dans la chapelle Sixtine; Michel-Ange y vit tout entier. Michel-Ange, c'est le Bossuet de la peinture.

Figurez-vous dans cet immense palais du Vatican, où tout est prodige, un prodige plus grand encore, des chefs-d'œuvre qui lassent votre admiration, au point de vous faire trouver chose ordinaire les merveilles de l'art, la poésie la plus vivante, l'imagination créatrice de l'homme, sous le souffle de Dieu, d'inimitables prodiges, et vous n'aurez pas la chapelle Sixtine.

Là, seul, en vingt mois, le grand peintre a tracé, sur la grande voûte, la création du monde; en trois ans, sur l'autel, le jugement dernier, où tout est vivant, le remords et l'innocence, la honte et la conscience sainte. « On se sent pris, dit un auteur dont le nom nous échappe, d'un indicible sentiment d'admiration à la vue de ces chefs-d'œuvre. Cette religieuse poésie du pinceau fait ressortir les plus sublimes effets de la nature physique et morale; cette éloquente représentation d'une attendrissante et redoutable philosophie fait flotter l'âme entre les mouvements les plus passionnés de l'admiration et les croyantes exagérations de la terreur. Dans ces grandes pages primitives de l'histoire, Michel-Ange a tracé en caractères de feu celle de notre mystérieux avenir. En sortant de là, c'est à peine si l'on a pu admirer d'autres belles peintures : l'adoration du veau d'or, de Roselli; Jésus appelant saint Pierre et saint André, de Ghislandajo; saint Pierre recevant les clefs du Christ, du Pérugin. »

Ce fut dans la chapelle Sixtine que Pie IX reçut les ecclésiastiques étrangers qui se trouvaient alors à Rome. Le nombre en était extraordinaire. Sa Sainteté, montée sur le trône pontifical, lut en latin un discours dans lequel son contentement débordait. « Mon chagrin, dit-il, et les épreuves auxquelles est soumise l'Eglise, trouvent un dédommagement efficace dans la présence de tant d'évêques et d'ecclésiastiques autour de la chaire de Saint-Pierre. » Il recommanda à tous de se resserrer, de redoubler de zèle, les exhortant à la prière, à la charité, à la science, seuls moyens d'exercer le saint ministère. Aux curés il accorda la faculté de donner, mais pour une fois seulement, l'indulgence plénière à tous les fidèles de leur paroisse.

Oui, c'était un beau jour, béni du ciel. Dans la soirée, monseigneur Berthaud prêchait au Colysée, et l'impression qu'il produisit fut si profonde que l'assistance se sépara aux cris mille fois répétés de : Vive Pie IX pontife et roi.

Le même soir, les cardinaux, archevêques et évêques présents à Rome, recevaient de la municipalité le diplôme suivant :

« Lorsque, le 22 mai, on a parlé dans notre sénat du jour très heureux où le pape Pie IX, prince très prudent, consolateur du peuple chrétien, déclara que sont accordés, avec une grande solennité, les honneurs du ciel aux vingt-six martyrs du Japon, et au bienheureux confesseur Michel des Saints; comme encore lorsqu'on a parlé du très grand concours de cardinaux, patriarches, archevêques et évêques venus à Rome de tous les points du monde, ce sénat a résolu à l'unanimité de créer nobles citoyens romains ces vaillants défenseurs de la foi, qui ont bien mérité de la religion catholique, et de leur donner les mêmes honneurs dont se glorifiait saint Paul, l'apôtre des Gentils, et pour conserver le souvenir d'un jour si mémorable et de ce décret, on a résolu de placer une inscription en marbre dans les salles du Capitole.

» On a voulu donc vous placer dans l'ordre très

distingué des nobles citoyens romains, et donner des lettres publiques, afin qu'il soit manifesté que V. G. a reçu la noble bourgeoisie, et qu'elle doit être considérée comme un de ces nobles citoyens romains, et que par conséquent elle a droit à tous les priviléges, les honneurs et les bénéfices des nobles citoyens de Rome, de sorte que tout ce que jusqu'à présent vous avez fait de remarquable et vous ferez dans l'avenir, sera considéré comme un bien et une gloire pour le siége apostolique et la ville de Rome.

» Donné au Capitole, le 22 mai 2616 de la fondation de Rome, et 1862 de l'incarnation de Jésus-Christ. »

Ce fut une consolation pour le Saint-Père que l'unanimité d'approbation qu'il trouvait à la fois et dans la municipalité romaine et parmi les prélats étrangers, représentants du monde catholique.

Le grand jour était venu ; Rome avait pris un air de fête, les palais étaient pavoisés et du haut du fort Saint-Ange le bronze annonçait la solennité glorieuse. Le Saint-Père sortit du Vatican à sept heures du matin pour se rendre à la basilique de Saint-Pierre, où l'attendaient 184 évêques, 54 archevêques, 5 patriarches et 43 cardinaux; les religieux des différents ordres, le clergé séculier, tous les prélats de la cour pontificale se pressaient dans la vaste nef. Ils ont assisté à la procession qui, suivant le cérémonial, ouvrit la fête, abrégée toutefois par le mauvais temps.

Le pape, assis sur son trône, sous un dais magnifique, reçut ensuite le serment d'obéissance de tous les ecclésiastiques, et après le chant des litanies des Saints et du *Veni Creator*, Sa Sainteté prononça le décret par lequel les vingt-six martyrs du Japon et le bienheureux Michel des Saints sont inscrits au martyrologe pour recevoir un culte dans toute l'Eglise catholique. La foule était immense, et lorsque le clergé entonna le *Te Deum*, des milliers de voix y répondirent avec un enthousiasme qui prouve combien sont vivaces encore dans les cœurs les croyances impérissables du christianisme. Rien de plus imposant que ce spectacle, rien de plus touchant que la noble hospitalité accordée par le chef de l'Eglise aux nombreux enfants qui se pressaient autour de lui. Le Saint-Père lui-même chanta la messe, et après l'évangile prononça une homélie dans laquelle, traitant du mérite des saints et de la puissance de leur intercession, il émut si profondément son auditoire, qu'à défaut des bruyants applaudissements, interdits par le caractère auguste de l'orateur et la sainteté du lieu, de longs murmures d'approbation couraient dans l'assemblée.

A l'Offertoire, quatre offrandes eurent lieu, savoir : cinq cierges ornés avec un art inexprimable, deux pains, un baril de vin, un second rempli d'eau, des tourterelles, des colombes et plusieurs petits oiseaux, enfermés dans une cage. Ces divers symboles ont été reçus par quatre archevêques orientaux.

Le roi et la reine de Naples, avec toute la famille royale, l'infante Isabelle de Portugal, le corps diplomatique, et les officiers supérieurs de l'armée d'occupation assistaient à la cérémonie. La foule était prodigieuse et la basilique resplendissait éclairée par plus de douze mille cierges. Le service intérieur était fait par les soldats français.

Le 9 juin, l'immense coupole du Vatican s'illumina comme par enchantement. Tout ce que l'imagination peut rêver de plus splendide s'efface devant le magique tableau qu'offrit ce jour-là le palais pontifical. Les aumônes abondantes que la charité chrétienne n'oublie jamais dans ses joies, avaient attiré sur le parvis immense la plus grande partie des Transtéverins ; au sommet du palais Saint-Ange, la fameuse *Girandole* lançait incessamment vers le ciel ses gerbes de feu aux mille couleurs ; les cloches, dans leurs joyeuses volées, semblaient redire l'hymne mystérieux de l'Hosanna dont l'écho est dans tous les cœurs. Oh ! ce calme au milieu de l'orage, cette pompe dans l'incendie lugubre qui désole l'Eglise, cette joie céleste quand l'ambition gronde aux portes de la cité catholique, n'est-ce pas le triomphe de l'idée chrétienne, éternelle, devant laquelle tout se brise, comme au pied du rocher les vagues de l'Océan ?

Un consistoire semi-public eut lieu en présence des cardinaux et de tous les évêques, et l'auguste pontife prononça une allocution, souvent interrompue par l'émotion des prélats. Sa Sainteté reçut ensuite des mains du cardinal Matteï une adresse du clergé qui, approuvant les actes de Pie IX, sans restriction, déposait à ses pieds l'assurance d'une fidélité à toute épreuve.

A deux heures, un banquet solennel réunissait les cardinaux et les évêques dans le grand salon de la bibliothèque du Vatican, et trois cents convives s'asseyaient à la table pontificale. Le repas fut d'une grande simplicité ; mais Pie IX se montra d'une gracieuseté qui lui gagna tous les cœurs. Au Casino de Pie IV, surtout, son affabilité fut extrême, et les prélats ne se séparèrent de lui qu'avec le témoignage des plus sincères regrets, pour aller porter à leurs diocèses les touchants souvenirs de la canonisation japonaise.

Que résultera-t-il pour l'Eglise, et l'Orient surtout,

de l'assemblée romaine ? Quels progrès peut attendre le christianisme de l'acte éminemment catholique qui vient de s'accomplir ? Les contrées lointaines que les vingt-six ont fécondées de leur sang se réuniront-elles enfin à la grande métropole ? Les prières des saints illustres dont s'est enrichi le calendrier de l'Eglise, la prépondérance que dans ces dernières années la France s'est acquise en Chine, dans les Indes, par la guerre, au Japon par les traités, semblent nous promettre une prochaine fraternité dans le Christ, l'exercice libre du saint ministère, proscrit depuis longtemps ; et ce ne sera pas une des moindres gloires de l'empereur Napoléon III que d'avoir fait rayonner la croix du Vatican sur les coupoles des pagodes de Pékin et de Jeddo.

AVENIR DU CATHOLICISME

DANS LES CONTRÉES LES PLUS ORIENTALES DE L'ASIE.

AVENIR DU CATHOLICISME

DANS LES CONTRÉES LES PLUS LOINTAINES DE L'ASIE.

I

Le catholicisme n'atteindra réellement le but que lui prescrit son origine céleste que le jour où tous les peuples seront fraternellement réunis en Dieu à l'ombre de la croix. Quoique notre sainte bannière ait déjà flotté sur les terres les plus lointaines et les plus déshéritées, quoique l'Océan ne possède aucune île déserte et sauvage que n'ait visitée Jésus-Christ par ses missionnaires apostoliques, le souffle vivifiant a trouvé bien des contrées rebelles et s'est quelquefois éteint après les avoir fécondées.

Si nous en cherchons les principales causes, nous n'aurons pas, jeunes lecteurs, à excuser le courage, la persévérance des héros de l'apostolat. Fatigues et persécutions, traversées longues et périlleuses, que n'ont-ils pas bravé pour satisfaire aux besoins ardents de la charité chrétienne! Nous voyons dans nos capitales, gravés sur le bronze, le nom des guerriers généreusement tombés au champ d'honneur... Mais celui des martyrs de la foi qui ont obscurément péri sur la plage étrangère, déchirés par le fer du bourreau, après des labeurs dignes, tout seuls, de l'immortalité, n'ont leur glorieux cartulaire que dans le ciel. Non, les ouvriers n'ont pas manqué aux vastes champs du Seigneur, le cœur ne leur a jamais failli; c'est dans d'autres considérations qu'il faut chercher la lenteur du succès, quelquefois l'inutilité des plus grands efforts.

L'Asie est la plus vaste partie du monde et comprend à elle seule plus de 4,168,592 myriamètres carrés; au nord elle touche à la mer glaciale arctique dont les banquises infranchissables défendent l'accès; au sud à la mer des Indes, trait d'union, justement redouté pour ses orages, de l'océan Atlantique et de la mer Pacifique; à l'est au grand Océan, et du côté de l'ouest à la mer Rouge, à l'isthme de Suez, l'archipel, la mer Noire, la chaîne du Caucase, la mer Caspienne, les monts Ourals et Poyas, qui en sont le prolongement septentrional.

Ainsi la position géographique de la grande presqu'île asiatique a été, pendant des siècles, un obstacle redoutable pour les navigateurs les plus hardis, et, si nos saints convertisseurs d'âmes ne se laissaient pas effrayer par les périls de mers et de peuplades inconnues, que de fois la mort ne les surprit-elle pas, durant leur héroïque trajet, ne les attendit-elle pas au port ou quelques jours après le débarquement!

Les missionnaires ont généralement appartenu aux quatre nations catholiques par excellence, la France, l'Espagne, le Portugal et l'Italie. Calculez un instant les distances, incommensurables pour ainsi dire, qui nous séparent du centre de l'Asie : par la voie de terre, l'Allemagne, l'Autriche, la Russie et les steppes sans bornes, puis le mur des montagnes asiatiques, dont le versant vous jette dans la Sibérie. Là, figurez-vous un pays inculte, couvert çà et là de forêts sauvages et rabougries, puis des terres incultes, qui étouffent le grain à mesure qu'on le sème, des marécages vêtus d'une glace éternelle, et au milieu de cette nature désolée quelques tribus chétives, inintelligentes, vivant de la chasse ou servant dans les mines, sous les ordres des Européens, et vous aurez la Sibérie. Dans ce trajet se serait usée la vie d'un homme, et, quoiqu'il ait été glorieusement tenté, il y a quelques mois, par notre ambassadeur à Pékin et sa femme, il est permis de croire qu'aux temps éloignés où les missions commencèrent, quand ces contrées, inexplorées encore, n'offraient que mers de glaces sans routes et barbares populations, l'essai était impossible.

Il ne fallait pas songer à Constantinople ; les croisades nous avaient assez instruits des sentiments hostiles, implacables des sectateurs de l'islamisme ; et d'ailleurs comment songer à franchir 8,600 kilomètres à travers des montagnes inaccessibles et des peuplades qui, dans leur langage et leurs mœurs, diffèrent si fort des nations européennes ? comment courir les périls que la haine des étrangers et des races a si fortement maintenus, même de nos jours ? Certes, je ne veux pas prétendre que la charité des Xavier, des Duhalde, des Charlevoix, de toute cette pléïade de dominicains, de franciscains, de jésuites, de prêtres de la Mission, ne pût s'élever à la hauteur des plus grandes entreprises ; ils ont donné de l'abnégation chrétienne des exemples vivants encore dans l'histoire. Mais nos jeunes lecteurs remarqueront qu'à cette époque on ne connaissait même pas la configuration de l'Asie, et l'intérieur des terres était totalement inconnu. On sortait donc de la Méditerranée pour longer les côtes occidentales de l'Afrique et doubler le *cap des Tempêtes*, mieux nommé aujourd'hui *cap de Bonne-Espérance*; puis s'ouvrait un océan immense, aux déchiquetures nombreuses, aux golfes profonds, aux incessants orages, et, quand enfin les courageux navigateurs avaient jeté l'ancre, lorsque le prêtre, s'agenouillant sur le rivage inhospitalier, appelait sur lui la bénédictionde l'Esprit-Saint, il voyait surgir de nouveaux obstacles, plus redoutables que ceux auxquels il venait d'échapper, la haine des hommes mêmes pour qui il sacrifiait et son repos et sa vie.

Si j'appelle votre attention sérieuse sur les détails d'un siècle déjà bien éloigné de nous, c'est à la fois pour faire mieux éclater le mérite des premiers martyrs et constater les progrès dont nous avons à attendre les conséquences les plus précieuses.

L'ignorance de la langue et des usages chez les peuples qu'abordaient nos premiers missionnaires était presque toujours un obstacle long à surmonter; non-seulement il leur fallait se familiariser avec les naturels; ceux-ci même trouvaient étranges nos costumes, nos manières de vivre et d'agir. Lorsque l'Apôtre des Indes pénétra au Japon, il fut un objet de ridicule, de mépris même pendant quelques jours. Son inaltérable douceur et ses miracles en triomphèrent rapidement; mais une force purement humaine fût-elle venue à bout des préjugés les plus enracinés, de l'ignorance absolue de nos coutumes? Dans la religion chrétienne, un Dieu tout d'amour et de pardon nous tend les bras, l'acte le plus simple d'une humilité sincère le désarme et le touche; aux contrées orientales toute l'exagération d'un culte ridicule; l'idée que l'on se fait de la majesté divine influe beaucoup sur le rite; l'extrême Orient se prosterne toujours devant le prêtre et l'empereur, aussi bien qu'en présence de l'idole stupide qu'on adore dans la pagode; culte indigne du créateur comme de la créature. Les néophytes avaient donc à lutter contre les dogmes dont ils étaient imbus dès l'enfance et une simplicité de cérémonies extérieures rendues plus modestes encore par la difficulté des temps.

Les Eglises se fondaient néanmoins sous l'impulsion puissante des Pères, et, malgré l'amertume de leurs privations, ils se réjouissaient quelquefois du succès de leurs efforts. Alors naissent des difficultés nouvelles; le bonze fainéant s'effraie, le Daïri, ou chef de la religion, prévient un empereur ombrageux, le sang coule de toutes parts, et, s'il n'y a pas d'apostasie, les abjurations s'arrêtent. Les peuples orientaux sont soumis à une pression que nous ne pouvons parfaitement définir, nos jeunes lecteurs ne la comprendraient pas. Les Chinois, les Japonais, les sujets du roi de Siam, par exemple, ont vis-à-vis le chef de l'Etat une obéissance stupide, passive, de laquelle ils ne se départent jamais, qu'ils n'oseraient pas discuter. Cela vient, à mon avis du moins, de la cruauté des supplices, de l'inexorabilité à laquelle ils sont soumis. Là, presque tous les châtiments sont publics, exemplaires, et portent la frayeur dans le cœur des témoins. Si l'Européen se tient debout et fier devant son prince, quand il est innocent; si, coupable, il s'en remet à sa justice ou à l'indulgence de la loi, il n'est pas de même dans les contrées dont nous parlons ; l'accusé sait d'avance sa condamnation et attend la peine s'il ne la prévient.

Eh bien ! cette terreur affreuse, qui tient sans cesse suspendue sur la tête d'un citoyen l'épée allégorique de Damoclès, devait ralentir et amoindrissait les progrès de la foi. Sans doute il y avait d'éclatants témoignages au nom de Jésus, on sacrifiait presque toujours le temps qui passe à l'éternité ; mais que d'abstentions, que d'âmes émues par la grâce et retenues par la peur.

Entre les moyens coërcitifs employés fréquemment en Chine et dans les îles japonaises, nous devons compter l'exil des missionnaires, leur supplice quelquefois. La distance qui sépare nos pays de l'Orient laissait dans une indifférence absolue, une complète ignorance, les peuples entre eux. L'empereur du Japon voyait descendre dans ses ports des hommes dont l'extérieur était loin d'annoncer l'importance. Tantôt c'étaient des commerçants inoffensifs, faisant leur trafic sans bruit, reprenant la mer après leurs échanges, tantôt des prêtres dont il ne devinait pas bien le but, jusqu'à ce que les serviteurs de Boudah l'eussent jeté dans une fausse alarme. Les punir en autocrate, les mettre en croix ou jeter dans la fosse n'avait pour lui rien de bien dangereux ; quel est le souverain d'Europe qui eût osé franchir l'immensité des mers pour s'attaquer, chez lui, à un homme puissant, maître de ressources relativement immenses et sous sa main ? Aussi les victimes étaient-elles immolées sans que l'Occident l'apprît ou s'en occupât autrement.

Telle était en résumé la position des anciens missionnaires à Jeddo, à Pékin et aux Indes, ce qui doit redoubler notre admiration. Elle était pire encore. La rivalité des nations marchandes, des Hollandais, néo-protestants, des Portugais et souvent de l'Angleterre même, fit naître une concurrence qui ne manque pas de s'étayer sur les plus hideuses calomnies; on ne sait réellement, à la lecture de certaines relations, de quoi s'indigner le plus, de la crédulité barbare des Saoguns ou de l'effrontée cupidité des Européens. Ecoutez cette anecdote.

L'empereur Taïco-Sama était assis sur le trône de Méaco, et rien ne faisait prévoir dans ce prince les dispositions sanguinaires qui changèrent, quelque temps après, la ville en une vaste mare de sang; plein de bienveillance pour les Portugais, il recevait avec bonté les Pères de la mission, s'entretenant avec eux, et prêtant à la doctrine évangélique une oreille attentive. La jalousie des Hollandais, arrivés depuis peu à Niphon, ne le laissa pas longtemps entre leurs mains.

Le Saogun, ayant un jour donné une audience aux étrangers, interrogeait un Portugais déjà séduit et vendu.

— Votre maître, lui dit-il, est donc bien puissant?

— Le soleil, répondit l'Espagnol avec l'emphase naturelle à sa nation, ne se lève ni ne se couche hors de ses états.

Le fier et soupçonneux tyran dissimula sa colère sous un terrible sourire.

— Et comment fait ce grand monarque pour acquérir d'aussi vastes provinces?

— Ses vaisseaux sillonnent les mers, cherchant à découvrir les terres lointaines qui lui sont restées inconnues. Puis les marchands arrivent, les Pères prêchent la religion de l'Occident. Nous établissons des comptoirs, ils construisent des églises, et peu à peu le peuple est avec nous.

Le lendemain un édit fermait à tous les navires, ceux des Hollandais exceptés, les ports de toutes les îles du Japon, excluait de l'Empire toute espèce de culte qui ne serait pas celui de l'Etat, et ordonnait la recherche des catholiques pour les livrer au bourreau. La persécution fut inexorable, et, longtemps après, vainement eussiez-vous cherché dans cette chrétienté, naguère si florissante, le signe public de la croix : si nous y avions des frères, le souvenir de l'ère sanglante les forçait au mystère le plus absolu.

La Chine n'a jamais été aussi féroce dans ses proscriptions; peuple plus éclairé, elle accueillit parfois les savants jésuites avec distinction et faveur. Non-seulement la tradition a conservé jusqu'à nos jours, dans le Céleste-Empire, le nom de quelques Pères; mais les ouvrages de plusieurs d'entre eux, de Ricci par exemple, ont été retrouvés, en langue chinoise, dans les bibliothèques de Pékin, par les savants attachés à l'expédition dernière.

Il était bien rare cependant que les missionnaires, après avoir franchi Canton, revissent leur patrie. Le climat, les travaux apostoliques poursuivis avec ardeur, sans égard pour leur propre sûreté, le caprice du souverain, les délations, avaient bientôt éclairci leurs rangs; mais la Chine a eu son âge d'or, on a vu les prêtres d'Occident révéler aux mandarins, si éclairés eux-mêmes, les mystères de la science et former avec eux, à trois mille lieues de leur pays, une université qui n'était qu'un acheminement à l'Eglise; si, depuis cette époque, quelques stupides Fils du Ciel ont cru devoir se renfermer derrière leurs montagnes et leurs mers, du moins pouvons-nous aujourd'hui prévoir un avenir meilleur et plus chrétien.

II

Trois siècles ont apporté, dans les relations commerciales des divers peuples qui couvrent notre hémisphère, un changement remarquable; ce n'est plus guère en conquérants avides que les occidentaux se précipitent sur l'Orient, et, sauf les guerres amenées par les violations du droit des gens, qui diminuent chaque jour, il s'établit entre nous et les indigènes plus de confiance, si ce n'est pas encore plus d'affection. Qu'un navire français paraisse sur ces côtes lointaines, il ne sera plus insolemment visité, capturé; les divers pavillons y sont connus, et par suite, les nationaux qu'ils déposent y trouvent plus de sécurité. Les traités d'alliance qui se forment entre les divers monarques de l'Europe et de l'Asie, les expéditions glorieuses et fécondes de ces deux dernières années ont imprimé un effroi salutaire, sans blesser par les cruautés et les dilapidations d'une autre époque. A côté des anciens missionnaires, marchaient des oiseaux pillards, prêts à dévorer la semence qu'ils répandaient à la sueur de leur front. Le blasphème étouffait la piété naissante, et la charité, prêchée par eux, expirait sous la compression d'une avarice ambitieuse. Il n'en est plus aujourd'hui de même. Le commerce européen n'est point un oiseau de proie qui fond sur la propriété d'autrui et l'enlève contre toute justice, malgré les oppositions les plus naturelles. La terreur ne précède pas nos vaisseaux dans leur vol rapide, et quand on ne craint plus, on est bien près d'aimer. Tel a été le résultat des voyages fréquents faits depuis quelques années, voyages que le perfectionnement de la marine et la connaissance certaine des routes océaniques ont rendus moins longs et moins périlleux.

Et ce n'est pas tout encore : une entreprise gigantesque vient de naître sous le patronage de M. Ferdinand de Lesseps, également féconde pour le christianisme, la civilisation et le commerce; je veux parler de l'isthme de Suez.

Ainsi que vous le savez, la grande péninsule africaine est séparée de l'Asie par une langue de terre fort étroite dont la longueur égale environ trente lieues; située entre la Méditerranée et le golfe Arabique, elle a jusqu'à ce jour forcé les vaisseaux qui se rendent aux Indes à contourner l'Afrique, et, par la difficulté de l'entreprise, arrêté d'une façon déplorable la propagation de la foi et des mœurs européennes. Péluse et Suez sont situés à ses deux extrémités. La nature même des lieux semble prouver qu'elle fut providentiellement destinée à unir les deux mers, puisqu'elle forme une dépression sensible dans toute sa longueur. Il est même probable que, dans les temps primitifs, la mer couvrait la vallée ; car les lacs y sont nombreux et assez étendus. C'était autrefois la terre de Gessen ou des pâturages, donnée aux enfants de Jacob par l'un des Pharaons. La nécessité de percer en cet endroit un vaste canal remonte bien haut dans l'antiquité. Abraham l'avait entrepris, suivant la tradition arabe, puis Sésostris ; continué par Psamméticus et Darius-le-Grand, il fut enfin abandonné et reprit son état primitif.

Sur un mémoire adressé en 1854 par M. Ferdinand de Lesseps au vice-roi, Saïd-Pacha, celui-ci donna, le 30 novembre, un firman qui l'autorise à constituer une compagnie formée de capitalistes de toutes les nations, ayant pour objet le percement de l'isthme. L'œuvre touche à sa fin.

Tout en nous félicitant pour le monde entier des avantages qu'en retirera la navigation, nous ne pouvons nous empêcher de songer surtout au catholicisme, désormais à l'abri de l'injure des peuples barbares, que contiendront sans doute l'apparition fréquente de nos vaisseaux et la facilité pour l'Europe de venger les outrages faits à ses enfants. Je suis loin de douter du dévouement physique des membres de notre clergé, toujours prêt au sacrifice; mais plus ils seront tranquilles, moins ils auront à lutter contre les mille persécutions qui entraveraient leurs travaux, plus aussi feront-ils de progrès rapides et sûrs dans leur sainte entreprise.

Tout, du reste, de nos jours, semble favoriser, dans un prochain avenir, cette communication des peuples, facile et désormais plus généreuse. La paix avec la Chine, dont les troupes impériales combattent avec nous les rebelles, nos ennemis communs, la liberté du culte accordée aux sujets de la France et de l'Angleterre, le christianisme favorisé par un prince, régent du Katay et tout puissant sur l'esprit du jeune empereur, telles sont nos garanties pour les efforts de la mission future dans l'Empire Céleste. Quant aux nations de l'extrême Orient, n'avons-nous pas vu, dans la capitale du monde civilisé, les fiers Japonais et les ambassadeurs du roi de Siam se prosterner devant l'homme politique et chrétien qui nous gouverne, devant le fils aîné de l'Eglise catholique, apostolique et romaine. Jamais, en aucun temps, l'idôlatrie ne s'est avec tant d'éclat inclinée devant les puissances chrétiennes, et le Dieu dont la main l'a conduite veut sans doute, dans ses desseins profondément mystérieux, abréger le temps de son ignorance du vrai et de son abaissement devant les idoles. Quant à moi, jeunes lecteurs, je trouve là des signes réels de la sollicitude divine pour ces peuples innombrables, victimes de la faute première, qui cheminent dans les ténèbres de l'ignorance et de la mort! Les voies de Dieu sont secrètes, mais n'est-il pas permis de croire que le temps est venu de l'éternelle réconciliation pour ces infortunés, abandonnés, depuis tant de siècles, aux plus monstrueuses erreurs? Oui, la justice et la foi se donneront en Jésus-Christ le baiser de paix.

Laissons un instant de côté les distances et les intérêts du commerce et la protection des souverains; en dehors de tous ces moyens, il y a la curiosité ardente de la science, dont les yeux, déjà fatigués en Occident, cherchent un monde nouveau, que l'Orient peut seul leur offrir. Nous avons surpris, grâce aux missionnaires, les secrets de leur industrie, de leurs arts; mais cette nature si différente de la nôtre, si vivace, si colorée des rayons du soleil, n'éveillera-t-elle pas l'attention de nos infatigables explorateurs? Et si la France, l'Italie, l'Espagne, l'Autriche, éminemment catholiques, lancent leurs vaisseaux dans ces parages, trop longtemps délaissés par elles à l'esprit mercantile des sectes prétendues réformées, nous pouvons être certains que les comptoirs feront place à l'autel, et les ventes à l'encan cesseront devant la croix romaine.

Il est douloureux, en effet, de songer que les contrées les plus riches du monde, celles que Dieu semblait avoir bénies de préférence, sont livrées à quelques trafiquants, qui en expriment le suc, sans jamais s'occuper de la destinée future des populations qu'ils écrasent!

Du contact incessant d'une civilisation, encore dans toute sa vigueur, et de ces splendeurs déchues qui, depuis des siècles, se traînent dans la même voie, sans rien perfectionner, naîtra une fusion que l'intérêt des échanges ne saurait maintenir, que la guerre romprait sous le plus léger prétexte. Il n'est de vrai ciment entre les nations, quelles qu'elles soient, que la similitude de la religion; et dans le courant où nous sommes entraînés, dans le désir de l'Europe et de l'Asie d'arriver à une étroite union, il faut nous faire apostats ou répandre les bienfaits de l'Evangile. Je sais bien que nul de nous n'hésiterait dans son choix ; mais, je le sais aussi, le principe religieux est le seul lien puissant qui résiste à la diversité des mœurs, des caractères et des intérêts.

Je l'avoue, en présence des derniers événements, lorsque je considère la prédominance de l'Europe sur l'Orient, prédominance reconnue par lui, j'ai le ferme espoir que Dieu aidant, et avec le concours des puissances catholiques, la croix pénétrera partout en triomphant des orages, et s'y implantera d'une manière stable à jamais. Lors même que nos souverains n'auraient en vue qu'un intérêt matériel, ils devraient commencer par s'attacher les peuples; et quel est le meilleur moyen, si ce n'est de répandre parmi eux la religion douce par excellence, qui convient seule à l'humanité et tend à réunir dans une même croyance et un même amour les éléments divers de la grande famille ?

Qu'ils fassent un appel, qu'ils ouvrent la route de l'Asie au zèle des Prêtres Romains, et leur voix sera entendue, et vous verrez surgir de toutes parts une phalange résolue, éclairée; la science orientale a fait un pas immense; aucun idiôme ne nous échappe, nulle histoire ne nous est inconnue, et les monuments mêmes de leurs religions encombrent nos livres et souvent nos musées. La persuasion est, de toutes les armes, la plus décisive; de toutes les victoires, la plus durable, en ce qu'elle est la moins sanglante. Plus que jamais l'entreprise est belle et facile; oh ! si les missionnaires japonais avaient eu en 1797 les garanties protectrices de nos jours!

APPENDICE.

LETTRES SUR LE JAPON (1).

Hakodate (Japon), 1er juillet 1862.

Le baromètre politique continue de se mettre au mauvais temps. Kioto (c'est le nom que porte à présent la vieille capitale Miiako) est dans un état de confusion indescriptible. 1,000 Eô-nins (Deux-Sabres) sans emploi (2), venus de Mito, de Kaga, de Satsooma, s'y sont réunis et assiégent moralement le Micado. Le thème de leur pétition est toujours le même : « Nous sommes affamés, disent-ils, par le nouvel ordre de choses. Les articles de première nécessité ont triplé leurs prix depuis deux ans. Il faut ou rompre les relations avec les étrangers, ou nous donner un gouvernement moins égoïste et moins *monopoliseur.* » Telle est en abrégé la

(1) Un savant missionnaire qui habite le Japon depuis plusieurs années, M. l'abbé Mermet, a adressé à une feuille religieuse des lettres dont nous extrairons quelques passages qui compléteront les réflexions de l'auteur de ce livre.
(*Note des Editeurs.*)

(2) *Deux-Sabres*, c'est le nom d'une milice japonaise.

teneur des suppliques que l'Empereur reçoit tous les jours. Cette petite armée de mécontents, personne ne le nie, compte dans ses rangs des hommes capables. Leur politique est un grand déploiement de zèle pour l'honneur et l'autorité de la personne du Micado, si *oubliée* par la lieutenance de Jeddo, et ils font de pompeux prospectus de patriotisme pour éblouir la nation. La classe éclairée comprend parfaitement que le premier mobile des Eô-nins est la nécessité d'abord de vivre *aisément*. Malheureusement le gouvernement actuel donne à leurs prétentions une si grande apparence de justice, qu'il est difficile de prévoir quelle sera l'issue de sa lutte. Elle prend des proportions alarmantes. Le gouvernement de Jeddo, qui paraît la mépriser devant l'étranger, vient d'envoyer deux membres du Go-ro-dgio (1) à Kiôto, pour justifier le Taïkong devant l'Empereur. Plusieurs corps de Deux-Sabres, appelés soldats ou *samouraï*, sont partis pour la capitale (Miako). Le parti des mécontents se recueille à Jeddo. Enfin, la preuve que la situation n'est pas rassurante, c'est qu'on vient de nommer un gô-taï-ro (2), espèce de ministre suprême ou dictateur, qui n'est élu que pour des circonstances très difficiles, et lorsqu'il y a vraiment danger « que la chose publique souffre un dommage. » Le dernier gô-taï-ro fut l'infortuné Ficonet, élu à la mort du prédécesseur du Taïkong actuel.

Le commerce était déjà fort languissant. Ce commencement de nouvelle révolution n'est point fait pour le ranimer. Les intérêts étrangers périclitent de plus

(1) Conseil suprême de l'administration, composé de cinq membres, dont deux sont spécialement chargés des affaires étrangères.

(2) Ce mot signifie : *le noble et grand vieillard.*

en plus. Le nerf de la politique européenne n'existe plus. Le ferme et consciencieux M. Alcook, le représentant de la Grande-Bretagne, est parti pour l'Europe. On espère son retour. En attendant, les consuls anglais font des prodiges pour maintenir leur position. Mais en dépit de leurs efforts et de leur habileté, ils sont débordés par la politique rétrograde du gouvernement. Plusieurs verront sans doute dans l'envoi de la dernière ambassade (1) un grand pas de fait vers la civilisation européenne ; ils en espèrent des résultats merveilleux ; permettez-moi de faire tomber immédiatement leur illusion. Je vous ai parlé dans une lettre précédente (2) de la valeur *morale*, *sociale* et *politique* de cette ambassade ; aussi, je n'y reviendrai pas : qu'il me suffise de vous dire que la position des étrangers est plus tendue que jamais : de nouveaux règlements sont venus entraver les rapports des employés du gouvernement avec les étrangers. Aujourd'hui, des formalités sans fin, deux (*metsooket*) contrôleurs ou espions, sont absolument nécessaires non-seulement pour parler à un étranger, quel qu'il soit, mais même pour recevoir de lui le présent le plus insignifiant. Vous expliquerez sans doute cette mesquine politique par l'étrange position du Taïkong, pressé entre deux partis : celui des mécontents, et la force morale de l'Europe. Cette double pression y est sans doute bien pour quelque chose. Mais elle n'en est pas la cause unique, ni même la cause principale. Tout le monde sait ici que la politique intérieure du gouvernement est encore plus intolérable et *intolérée* que sa politique extérieure, et si l'on s'insurge

(1) L'ambassade japonaise que nous avons vue à Paris dernièrement.

(2) Nous n'avons pas reçu cette lettre. (*Note du journaliste.*)

contre celle-ci, ce n'est que pour renverser la première. On dit assez librement, même dans certains cercles officiels, que la *flatterie*, la *finesse*, le *mensonge* toujours prêt et un orgueil sans pareil, sont tous les éléments du gouvernement : savoir bien mentir et bien flatter, c'est le grand art pour arriver aux emplois et pour s'y maintenir.

Le gouvernement s'aveugle ; la révolution se prépare et elle sera terrible. Il faut que les Européens s'attendent à souffrir dans cette révolution, si les gouvernements qui ont ici des traités ne prennent pas la difficile mais nécessaire résolution de traiter avec le Micado. Il faut se résoudre à ne pas voir dans le Taïkong le *roi* ou *empereur temporel*. En vertu de la vieille constitution du royaume, il n'est que le lieutenant des armées. Sans doute, par la loi du sabre, il a usurpé en fait la haute administration ; mais cette usurpation, comme toutes les usurpations, ne peut se soutenir que par le sabre ou par l'habileté. Le fondateur de la dynastie actuelle, *Yeyace* ou *Gonguensama*, réunissait en lui ces deux forces. Aussi l'empire se soumit à lui bien plus par respect pour son habileté politique qu'en vertu d'un droit préexistant. Quelques-uns de ses successeurs montrèrent un vrai talent comme administrateurs ; mais, depuis cinquante ans, les dépositaires du pouvoir sont d'une incapacité radicale : on n'en veut plus, et naturellement on en appelle à la vieille constitution ; on tâche d'éveiller le *Micado* de son *sommeil divin ;* on en appelle à son honneur, aux anciens jours de gloire. Le dieu terrestre et paresseux sera-t-il sensible à toutes ces voix ? répondra-t-il à tous ces appels? Oui, si le gouvernement de *fait* lui en donne le temps. Naturellement, au dire des Japonais, c'est un homme éminent. Les peuples aiment toujours à se persuader que leur souverain a reçu une puissance d'intelligence exceptionnelle.

En présence de cet avenir plus ou moins incertain, plus ou moins sombre, il semble que tout le monde ait le désir de devenir Russe, mais je présume qu'on ne voudrait l'être que *temporairement*. La raison de cette influence de la Russie est que son pouvoir est le seul qui *progresse* en ce pays. A Hakodate, d'où je vous écris, toutes les influences religieuses, scientifiques, *politiques*, etc., sont dans la main des Russes. Ils ont un établissement magnifique dirigé par M. Goskorisch, consul de Russie, homme très instruit dans la langue et les mœurs du Japon, et d'une capacité peu commune. Il règne ici en maître, beaucoup par son influence personnelle, et aussi UN PEU par ses navires de guerre, qui stationnent continuellement dans le port. L'établissement russe se compose d'une église, du consulat, d'un magnifique hôpital, d'un presbytère pour les missionnaires, d'une école, d'une maison pour un ou deux docteurs, d'autres maisons pour le secrétaire, le chancelier, un officier de marine attaché au consulat, pour les interprètes, etc. Tandis que le gouvernement japonais veut démolir arbitrairement une maison du malheureux abbé Mermet, sous le prétexte que ce monsieur ne doit pas avoir deux maisons, et qu'un petit coin de terre suffit à son école, à son hôpital, etc., mes heureux voisins obtiennent d'un seul mot des terrains immenses et élèvent une véritable ville à côté du vieux Hakodate.

Il est cependant difficile de deviner si les Russes sont l'objet de la sympathie ou de l'antipathie du gouvernement japonais. Nous dirions, si nous ne craignions pas d'insulter l'humanité, que le Japonais officiel n'aime personne, ou qu'il aime en proportion de la crainte qu'on lui inspire. Lorsqu'il n'a rien à craindre, il méprise d'abord, et hait ensuite. Ce qu'il y a de certain, c'est que les Russes sont populaires parmi le peuple. Ils se montrent en tout les bienfaiteurs du peuple; les secours de la médecine, l'argent distribué libéralement à tous les nécessiteux, une grandeur et une libéralité dans tout ce que la Russie fait ici, préparent, à notre avis, les voies à la conquête la plus légitime qu'il soit possible d'imaginer. Les peuples se donneront à un gouvernement bienfaisant et capable, pour échapper à l'arbitraire d'une autorité égoïste, féroce et inepte.

Le gouvernement japonais, malgré son ignorante inertie, comprend si bien le danger, qu'il a parfois des velléités de modifier son système pour Jeddo. Mais les petits moyens auxquels il a recours n'ont aucune portée et n'empêcheront pas les Russes d'être reçus comme des libérateurs.

Jeddo envoie chaque année des commissaires extraordinaires pour fixer les limites entre les possessions russes et les possessions japonaises. Le *Japonais officiel* croit sérieusement que des pierres énormes, élevées à grands frais, seront le dernier mot de la politique. Le simple peuple se rit de ces moyens, et n'en continue pas moins à croire qu'il sera Russe dans un avenir très prochain. Qui lui contestera ce droit?

La Russie s'est assuré le droit d'avoir un port pour l'hivernage de ses vaisseaux. Or, Hakodate est un port excellent et toujours accessible. En deux ou trois jours un vapeur se rend de Hakodate au port de Maye, sur la côte de la Tartarie. On sait que les ports de la ligne que la Russie vient d'ouvrir sur toute la côte de la

Tartarie sont inaccessibles pendant six mois de l'année. Les quelques bâtiments russes qui en ont voulu braver les glaces ont été presque entièrement démolis. Hakodate offre aux escadres russes sûreté, provisions de tout genre, charbon, communication facile avec les côtes de la Chine, de la Corée et de la Tartarie. Plusieurs se sont étonnés de voir la Russie planter son pavillon sur une terre en apparence si peu importante, tandis qu'elle n'a pas même un agent consulaire à Jeddo et dans les autres ports. La Russie comprend parfaitement ce qu'elle fait ; elle sait ce qu'elle *fera*.

Hakodate sera relié à Maye par un télégraphe qui se prolongera jusqu'à Nikolaïewski. Jeddo possède d'immenses terrains carbonifères, qui, exploités avec intelligence, fourniraient un charbon excellent ; huit à dix jours suffiraient aux bâtiments pour le transporter à Tien-Tsin, à Shang-Haï, et ruiner ainsi une branche de commerce de la plus grande importance pour les navires de la Grande-Bretagne.

J'ai dans ce moment sous les yeux le tableau des productions de Jeddo. C'est une espèce de rapport rédigé par ordre du gouvernement. Or, j'y vois que notre île ne possède pas moins de 95 mines d'or, d'argent, de cuivre, de plomb, de soufre, de fer, sans compter les mines de charbon.

De Hakodate, une simple embarcation traverse en six heures le détroit de Tsougarou et atteint les districts du nord de Nippon, Nambou, Tsoogarou. Les bois de construction existent dans toute l'étendue de l'île. Hakodate serait un excellent *quartier général* d'où partiraient les ordres pour toutes les autres îles de l'empire de Nippon. Le gouvernement, malgré sa lourde et pesante intelligence, comprend un peu le danger d'une tentation telle que celle que nous venons d'indiquer. Aussi a-t-il de bonne heure cherché à intéresser à la défense de l'île les principaux daïmios du nord de Nippon, en donnant à six d'entre eux Nambou, Tsougarou, Aizou, Chonaï, Etkigen, Chendai, une assez grande portion de territoire. Les daïmios et daïmiolets ont commencé d'y élever des batteries, mais ces batteries n'ont pas de canons; des magasins, mais ces magasins sont sans munitions, et d'y envoyer des soldats, mais ces soldats sont uniquement chargés de surveiller la pêche !

Le gouvernement d'Hakodate a voulu donner l'exemple du patriotisme; il a *commencé* depuis six ans un petit fort à l'entrée du port, qu'on achèvera et qu'on armera lorsqu'on aura trouvé un moyen peu coûteux d'exploiter les mines de fer ou de cuivre qui doivent fournir le métal pour les canons.

La *Constantine* (bâtiment de guerre français), qui a laissé ici de si bons souvenirs, ainsi que toute l'escadre du brave amiral Guérin, donna aux Japonais le modèle d'un fort retranché qui serait achevé depuis longtemps, s'il ne s'écroulait pas régulièrement deux fois par an. — L'armement de ce nouveau fort doit aussi sortir de mines encore vierges. — Une espèce de camp retranché a été établi à côté de ce nouveau fort *français*, gardé par mille Deux-Sabres, dont la moitié sont au-dessous de l'âge de quinze ans. — Au Japon on est soldat par droit de naissance, et le bambin qui est encore dans les bras de sa nourrice, se trouve déjà inscrit sur les rôles de l'armée.

Lorsque les Japonais cherchent à éblouir les étrangers en articulant le chiffre énorme de leurs armées, il faut se rappeler que la moitié de ces troupes *régulières pleure* encore, que la moitié de l'autre moitié se compose de vétérans entrés dans leur seconde enfance, et qu'enfin les *légions* des hommes valides sont en partie occupés à *collecter* les impôts, à tenir des comptes, etc. Les Russes comprennent parfaitement tout le respect dû à de si vaillantes troupes. C'est pourquoi un seul petit bâtiment suffit ici pour faire marcher toutes les affaires, pour apprendre aux fonctionnaires japonais la modération et les forcer à garder le décorum.

Le représentant de la Russie est l'homme le plus modéré, le plus modeste, le plus conciliant qu'il soit possible de trouver ; et cependant il est obligé d'avouer qu'il serait traité avec insolence et brutalité, si les Japonais n'avaient pas toujours sous les yeux l'*ultima ratio*. Serait-ce parce que la Russie rencontre ici plus d'antipathie que les autres peuples ? Certainement non, et si les autres nations pouvaient comprendre tout ce que leurs agents, depuis le ministre jusqu'à l'agent consulaire, ont à subir d'humiliations, d'insolences, de mépris, dans ce pays, elles finiraient probablement par se poser cette question : « Faut-il retirer le drapeau ou prendre des *mesures* pour le faire respecter ? » Missionnaire, je voudrais n'avoir pas à écrire de telles choses, mais je vous prie de ne voir ici que le Français qui a maudi plus d'une fois la connaissance qu'il a acquise du Japonais et du Japon, surtout lorsqu'il prend sur le fait cet horrible mépris du haut gouvernement pour les étrangers, ces absurdes calomnies livrées au public par ce gouvernement dans des brochures à la portée de toutes les intelligences.

Après de vives conversations, après la lecture de ces libelles, je me suis demandé bien souvent quel pouvait être le but du gouvernement japonais. Jusqu'ici je n'ai pu trouver qu'une explication. Le gouvernement japonais est écrasé par la supériorité de la civilisation européenne. Il a une très grande peur de voir cette supériorité comprise par son peuple, de voir le respect pour la vieille Europe passer dans les rangs du peuple. Nous connaissons plusieurs Japonais qui ont été emprisonnés pour avoir, *par oubli*, parlé avec respect de l'étranger en général ou de tel étranger en particulier. Un fonctionnaire japonais sera poli avec vous dans l'intimité, sans témoins ; mais, devant le peuple, il devient aussitôt insolent, et prend envers vous le rôle d'un maître envers son esclave.

Le Japonais gouvernemental craint deux choses : le canon de l'Europe, et surtout et avant tout l'idée européenne. Je n'entends pas parler ici du christianisme, mais des idées politiques et sociales de l'Europe. On a représenté l'échafaudage gouvernemental du Japon comme extrêmement solide; c'est là une grande erreur : nous sommes convaincus que la machine politique et administrative est si mal montée, que l'idée européenne seule suffirait en quelques années pour révolutionner le pays. En effet, sur quoi s'appuie la société? sur des distinctions de castes écrasantes, maintenues par une force impitoyable qui s'appuie elle-même sur l'espionnage d'abord, puis sur une épouvantable délation.

On a cherché à établir des comparaisons entre le peuple japonais et le peuple chinois, et cela pour donner invariablement la préférence au premier. Il est convenu qu'il faut rire des *ombres chinoises*, tandis qu'on n'a que des paroles de respect pour le Japonais. Il est reçu qu'il n'y a rien de ridicule, rien de blâmable chez ce peuple modèle. Je dois avouer que malgré mes longues études sur le Japon, faites *à l'étranger*, avant mon entrée dans le pays, j'en étais encore là il y a trois ans. Mais le lecteur verra par mes prochaines lettres combien j'étais loin de la vérité. Il verra, par la description détaillée des classes de la société au Japon, depuis le Micado jusqu'au *Yeta* (espèce de paria), qu'il faut se résoudre à prendre les comparaisons *injurieuses* chez le *grand peuple du grand empire* de Nippon.

E.-E. Mermet.

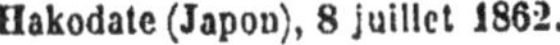

Hakodate (Japon), 8 juillet 1862.

L'envoyé du Micado à la cour du Taïkong a quitté Jeddo ; depuis bien des années, les Jeddonais n'avaient pas vu de *gio-chi* (ambassadeur de l'Empereur). Aussi l'arrivée de *Oobara-Saiemoün* devait-elle être une véritable fête ; mais le gouvernement avait pris des mesures pour arrêter la curiosité populaire. Il paraît que par ordre supérieur, tous les habitants de la capitale devaient garder la chambre, et, selon mon correspondant japonais, le silence dans les rues était si profond, qu'on pouvait *entendre respirer* les gens de la suite du *gio-chi*.

La mission de ce dernier est en partie connue ; il a exposé au gouvernement la gravité de la situation, et a intimé au Chiogong l'ordre de comparaître devant le souverain du Japon avant la fin d'octobre.

Pendant le voyage de *Oobara*, une seconde pétition a été adressée au Micado par le parti réactionnaire. Pour le fond, elle diffère peu de la première. Cependant sa rédaction, quoique très ambiguë et très travaillée, laisse percer parmi les membres de la Révolution un dissentiment que le premier placet ne permettait pas même de soupçonner. On y distingue trois nuances d'opinion. Le parti extrême demande l'expulsion par la force de l'étranger, la guerre et le massacre immédiat des Barbares. Ces ennemis sont heureusement peu nombreux. Le deuxième parti se contente de limiter le commerce avec l'étranger aux deux ports de Nagasaki et Hakodate. Suivant le troisième parti, qui serait le plus nombreux et le seul influent, le commerce extérieur *peut* et même *doit* être libre de toute entrave, mais soumis au contrôle intelligent d'un gouvernement sage, économique et ferme, qu'il est du devoir de l'Empereur de former. Cette opinion est la seule sérieuse, la seule qui aborde la question des vraies réformes. Il est cependant à craindre que l'*extrême gauche* ne se fortifie et ne vienne à dominer par la force des choses. Le parti moyen ne fera jamais prévaloir son sentiment; triomphât-il pour un temps, son succès aurait vite un terme. Les partisans sérieux des réformes intérieures sont, à mon avis, trop sages et trop raisonnables, et attaquent trop bien les vices du régime actuel, pour qu'on puisse espérer pour eux un succès prochain. Malheureusement, le parti extrême, tout brutal qu'il est, flatte singulièrement les instincts de la nation, la plus orgueilleuse qu'il soit possible d'imaginer. On a représenté souvent le Chinois comme l'incarnation de l'orgueil. En effet, l'habitant de l'Empire du Milieu est fier de son antiquité, de la grandeur de son pays, de sa vieille civilisation, de l'éclat que certaines dynasties de ses souverains ont jeté sur le monde, de sa littérature, de sa philosophie, de ses rites, etc. Toutes ces causes d'orgueil manquent au Japonais, mais il est possédé par un autre orgueil que le Chinois est loin d'avoir au même degré, je veux dire l'orgueil militaire.

A l'exception des guerres de Corée, soutenues contre la Chine, et de deux tentatives d'invasion des Tartares, dont les flottes furent détruites bien plus par la tempête que par la valeur japonaise, il serait difficile de citer des exemples des exploits et des conquêtes du Grand-Nippon. Son histoire militaire se résume tout entière dans les récits des guerres perpétuelles de seigneur à seigneur, ou des guerres civiles qui à diverses époques ont désolé l'empire. C'est une répétition de ce que nous voyons au Moyen-Age dans certaines contrées de l'Europe. Rien de plus monotone que ces châteaux pris et repris, ces grands guerroyeurs qui fendent invariablement leurs ennemis de la tête aux pieds.

Dans une espèce de cours d'histoire que je m'étais permis d'ouvrir pour les Japonais, je soutins la thèse qu'il ne pouvait y avoir de gloire militaire dans des guerres intestines, à moins que l'un des camps ne défendit les intérêts et la prospérité du pays. Ma thèse fit du bruit et devint le sujet de vives controverses. Elle ne plut pas en haut lieu, et je fus invité poliment à ne plus revenir sur un tel sujet.

Le Japonais trouve donc de la gloire à *couper* avec le sabre, n'importe où et comment. Il est inutile de dire qu'il se croit invincible, et que nos succès en Chine n'ont nullement fait impression sur les masses. Quel est le petit daïmios qui, entouré de deux mille hommes, les uns armés de piques, d'autres de parapluies et de lanternes, ne se croit pas capable d'anéantir la meilleure armée de l'Europe?

Le Japonais *n'estime* et *n'aime* que la force. Les six-septièmes environ de la population n'ont de respect et de crainte que pour les Deux-Sabres. L'autre septième, c'est-à-dire les Deux-Sabres, ne craint que cette loi de fer, cet *ambigu* de leur position qui les expose à chaque instant. Il suffit à un Européen résidant au Japon de prendre à son côté quelque chose ressemblant à un sabre pour imprimer un religieux respect à la foule, qui souvent vous insulterait sans ce passeport. Le peuple qui aura l'*honneur* ou le *malheur* de donner une leçon d'armes aux Japonais, sera sans contredit le plus honoré et le plus respecté. Voici, en deux mots, quel serait le résultat d'une défaite de la part des Japonais. Les six-septièmes de la population, ou les non-sabrés, plaisanteraient sur leurs *samouraï* (Deux-Sabres, soldats). Les *samouraï*, ou les *sabrés*, exagéreraient la valeur européenne et surtout leur stratégie. On verrait tout-à-coup un enthousiasme extraordinaire pour tout ce qui tient de loin ou de près à la science militaire de la vieille Europe. A Dieu ne plaise que ce résultat fasse naître l'envie d'enseigner l'*humilité militaire* au Japon!

Vous me pardonnerez cette digression sur le caractère japonais : si le parti extrême se fortifie, vous serez en partie préparé à ces monstrueux exploits.

L'administration a été presque entièrement renouvelée. Vous connaissez déjà l'élection du *Go-taï-ro*, ou premier ministre extraordinaire. Or, il paraît que le choix ne pouvait tomber sur un homme plus impopulaire. Il est non-seulement hostile aux étrangers, mais il s'est aliéné tous les Japonais éclairés par ses mesures étroites et réactionnaires. Il est cependant le premier parmi les *Foudaye* (on appelle *Foudaye* les Daïmios qui ont reçu leurs fiefs de la dynastie actuelle des Chogoung); son titre est Matsoudaïra Fhigono Kami, daïmio de Aidzou (N.-O. de Nippon). Le *Go-ro-dgio* a été aussi renouvelé et ne paraît être qu'une deuxième édition du *Go-taï-ro*. L'administration a subi des changements radicaux dans ses plus bas officiers. Elle est cependant loin d'être épurée et n'en est que plus hostile, plus haineuse pour l'étranger. Le gouvernement, sans avoir une idée juste de la situation, a le sentiment de sa gravité. L'envoyé du Micado lui a dit des vérités que la flatterie et la corruption qui entourent le Taïkong tenaient cachées avec grand soin. Le gouvernement, dans son chef, est cité au tribunal du vrai souverain. L'un des *Go-san-kio* (les trois familles les plus proches du Taïkong par la parenté) serait chargé temporairement de la lieutenance avec le titre de vice-Taïkong.

Le jeune Taïkong obéira, sans aucun doute, à l'appel du Micado; il est trop capable, cependant, pour ne pas comprendre que ce voyage est pour lui une question de la plus haute gravité. Il ne quittera Jeddo que lorsqu'il aura armé son parti suffisamment pour le soutenir contre une surprise et l'appuyer dans la défense qu'il présentera à l'Empereur. La lutte qui se prépare réveillera bien des haines, bien des ambitions qui dormaient depuis des siècles. Le Chogoun actuel n'est qu'un membre des trois familles du *Go-san-kei*, de la famille de *Kichou*, qui n'ont droit au taïkonnat qu'après le *Go-san-kio*. Il a à se faire pardonner la préférence qui lui a été donnée sur le Go-san-kio, et pour obtenir ce pardon, il a besoin d'être le plus fort.

Tout rapprochement entre les deux camps devient de plus en plus impossible. On s'arme partout. Les fers ont triplé leurs prix, et leur exportation vient d'être interdite. Les mines de Nocho (S.-O. de Nippon) sont exploitées avec une grande activité et soumises à une stricte surveillance. Les Daïmios espèrent, dans la nouvelle lute, reconquérir leur ancienne indépendance. Le Chogoun, au contraire, aspire à centraliser de plus en plus tous les pouvoirs ; et la centralisation, telle qu'elle est comprise à Jeddo, n'est autre chose qu'un ensemble de mesures vexatoires, ruineuses pour les Daïmios, sans aucun résultat utile pour le pays. Les dix-huit Daïmios, dont les titres de possession sont antérieurs au fondateur de la branche actuelle des Taïkongs, s'indignent des prétentions de celui qu'ils ne regardent que comme leur égal. Ils n'ont pas oublié que les trois premiers Taïkongs de cette dynastie sortaient de Jeddo jusqu'à *Chinagaoua* pour les recevoir. Ils se plaignent du poids des charges de l'Etat qu'ils ont à supporter. Toutes les corvées, tous les travaux publics sont exécutés par les Daïmios. Routes, canaux, fortifications, tout est mis à leur charge. Ils ne paient pas, il est vrai, d'impôt proprement dit, si ce n'est l'impôt de quelques présents insignifiants déterminés d'avance dans l'Almanach officiel ; mais, en réalité, ils suportent toutes les charges, tandis que le Taïkong a tous les bénéfices, tous les hauts profits, et dépense des sommes fabuleuses pour l'entretien d'une armée d'espions. L'irritation des esprits, la révolution qui se prépare, ne sauraient étonner que ceux qui ne connaissent point le Japon et son organisation. Il ne nous reste qu'une espérance : c'est que la voix suprême du Micado rappelle toutes ces ambitions à l'ordre. Cependant, quelle que soit sa décision, son arbitrage sera plus ou moins en faveur de la réaction. Personne ne s'attend à le voir sortir du mystère de sa divinité cachée ; mais il paraît certain qu'il est honteux du rôle humiliant qu'on lui a fait jouer depuis deux cents ans. Ce prince fainéant est loin d'être dépourvu d'intelligence ; il désire montrer au pays qu'il est encore l'arbitre des destinées de l'empire. Beaucoup de Japonais, malgré le respect infini qu'ils conservent pour leur *Daïri* ou *Kenri* (noms de deux palais de Miiako), commençaient à le regarder comme un dieu inutile. Il a été dépouillé par degrés de tous ses priviléges. Le dernier qui lui a été retiré est celui de battre monnaie. Le Japonais a, plus qu'aucun autre peuple, l'instinct de la puissance de l'argent, et toute la politique des Taïkongs pourrait se résumer dans ces trois mots : *Appauvrir pour régner*. Epuiser les Daïmios par des dépenses inutiles, retirer au Micado toutes ses ressources pour le mettre à la merci et sous la tutelle du Taïkong, tel a été le système invariablement suivi par le gouvernement de Jeddo depuis deux cents ans. C'est ce malaise et cet embarras pécuniaire du Micado qui donnent une malheureuse chance de succès à l'extrême gauche de la révolution. Ce parti exploite le nom du Micado et proclame hautement les attributs inviolables de sa souveraineté.

En présence du danger qui menace la dynastie actuelle, le gouvernement établit la loi martiale, décrète l'état de siége, multiplie l'espionnage sous toutes les formes, change à chaque instant ses employés, et montre enfin, par la mobilité incessante de son baromètre politique, qu'il y aura une horrible tempête. Ces vagues pressentiments, ces inquiétudes partout répandues et dont on ne peut assigner la cause, qui précèdent et préparent les révolutions, règnent dans tout le pays. On désire que la crise éclate au plus tôt, tant on est persuadé que les détails ne la rendraient que plus redoutable.

Si le Taïkong avait la malheureuse idée de ne point se rendre à l'appel de son souverain, ce serait une épouvantable guerre civile qui éclaterait immédiatement. Sans doute, son voyage sera des plus périlleux. Lui opposera-t-on la vieille constitution? Le taïkonnat redeviendra-t-il électif? Ce sont là autant de questions de vie ou de mort pour le Chogoun.

Quoi qu'il en soit, l'armée de Riôto se fortifie. Kaga, Satsooma, Nagato, Kioxioo, etc., se déclarent de plus en plus hardiment. Le daïmios de Nambou (nord-est de Nippon) vient d'être enrôlé dans la révolution d'une manière assez extraordinaire pour que vous me permettiez de vous la raconter.

Au commencement du sixième mois, le daïmios de Nambou envoya son premier officier avec une nombreuse escorte à Riôto pour remercier l'Empereur du titre de daïtchounagoun, dont Sa Majesté avait bien voulu le revêtir. Or, il paraît que, par un hasard en partie préparé, il rencontra Chimotsoo, le chef de l'armée révolutionnaire, qui, par une contrainte facilement acceptée, l'incorpora dans le parti du mouvement. Cette dernière nouvelle a nécessairement produit à Hakodate une grande sensation. Hakodate est sous la protection militaire de Nambou et de Tsougarou, qui sont chargés de la défendre et de la fortifier. Or, par ce coup de main de Chimotsoo, notre protecteur peut devenir notre ennemi et notre persécuteur.

Hakodate, 18 juillet 1862.

Je vous promettais dans ma dernière lettre une revue de l'organisation de la société au Japon, de ses classes et de ses distinctions; mais je suis obligé d'ajourner ce travail; je dois vous entretenir de quelque chose de plus actuel.

Il paraît certain que les Eò nins, que je vous montrais il y a quinze jours s'agitant à Kiòto, se sont tout-à-coup transformés en daïmios, ou tout au moins en agents des daïmios. Ils ne sont rien moins que les députés des principaux seigneurs du pays, satsooma, kaga, kiochoo, etc.

La démonstration aurait donc une portée nationale. Ce ne sont plus quelques révolutionnaires oisifs et ambitieux, exploitant les fautes de leur gouvernement pour justifier leurs plaintes; ce serait le pays représenté par ses plus puissants seigneurs et demandant hautement l'abolition d'un état de choses impossible. Les daïmios se déclarent incapables de supporter toutes les dépenses que le lieutenant du micado voudrait faire peser sur eux.

Je ne saurais mieux vous renseigner sur les motifs de leurs plaintes qu'en les laissant parler. Les chefs du parti, aux pages 60 à 66 du placet présenté au micado, s'adressent ainsi, au nom des princes, au gouvernement de Jeddo :

« Lorsque vous nous consultâtes sur les nouvelles

relations à former avec l'étranger, vous nous disiez, en vous appuyant sur l'autorité d'un Harrissoo (M. Harris, ministre des Etats-Unis), que le traité nous donnerait l'abondance et le bon marché de toutes choses. Selon vous et Harrissoo, le coton serait pour rien; des soieries toutes manufacturées devaient nous apporter le luxe sans toucher à nos finances. Les articles mêmes de première nécessité nous seraient apportés du Nord, du Sud, de l'Est et de l'Ouest, et nos paysans ne seraient presque plus obligés de semer et de récolter.

» Nous attendons toujours ces merveilles; en revanche, nous jouissons d'un avantage dont vous ne nous aviez pas parlé : celui de payer trois fois plus cher les articles de première nécessité, qu'avec l'aide de votre Harrissoo, vous vous étiez engagé à nous livrer presque pour rien. Ce n'est pas tout. Vous disiez encore que l'argent affluerait, que nos coffres seraient toujours ouverts pour recevoir. Or, depuis trois ans, vous les avez en effet ouverts, mais pour y puiser sans fin. Nous vous ferons d'abord observer que les droits d'exportation et d'importation ne sortent pas de vos mains. Vous en avez le monopole absolu. Il semble que ces droits, qui, selon vous et votre financier Harrissoo, auraient dû dépasser tous les revenus de Nippon, devaient suffire pour construire tous ces forts, acheter ces navires de guerre qui doivent imprimer aux Barbares le respect dû à notre pays. Mais qu'avez-vous fait depuis trois ans? Quel a été le message de tous vos courriers? le voici : « Il faut fortifier le Japon, bâtir des forts, fondre des canons, acquérir une marine formidable. Il faut de l'argent, et beaucoup; puis les étrangers nous causent de grandes dépenses; il faut régaler leurs ministres, leur faire des présents, sans négliger les petits consuls. Il faut les tenir dans le respect et la crainte, en leur montrant toujours la majesté du pays.

» Si encore nous pouvions voir ces forts, ces bâtiments de guerre, nous regretterions moins notre argent. Mais il paraît que tout reste sur le papier. Vous pensez qu'il suffira de montrer le plan aux étrangers pour leur faire prendre la fuite; nous en doutons, car ils savent presque aussi bien peindre que nous. Vous nous parlez quelquefois d'économie politique; nous reconnaissons même que vous nous donnez là-dessus d'excellents avis. Malheureusement, nous avons plusieurs exemples en contradiction flagrante avec vos théories. Nous n'en citerons que deux. Le dernier en date est cette vaine et inutile pompe pour le voyage à Jeddo de la future épouse du Taïkong. Combien de dix mille *rios* ont été alors dépensés inutilement? Qu'avons-nous besoin de parler des sommes fabuleuses employées à rebâtir le palais du Chiogong? Nous n'oserions pas entrer dans le détail du gaspillage de l'argent du fisc. Ce serait une honte pour le pays et une tristesse pour le Micado. La rumeur publique a flétri une série de vols commis au grand jour, par les plus hauts officiers de Jeddo, mais si quelqu'un ose élever la voix pour protester, il disparaît mystérieusement pour toujours.

» Puisque toutes les fois que vous avez recours à nos finances vous nous rappelez aux grands principes de l'économie politique, permettez-nous de vous en citer un cas pratique pour tout le pays.

» Autrefois, des troubles et des événements dont le souvenir se perd dans le lointain des âges ont exigé la présence permanente des seigneurs à Jeddo. Ces temps ne sont plus, et cependant les seigneurs sont toujours en route pour Jeddo, dépensant jusqu'à leur dernière sapèque pour l'entretien d'un personnel qui leur est imposé en partie. De grandes fatigues personnelles, de grands ennuis, et l'impossibilité de s'occuper du gouvernement de leurs domaines, telles sont les conséquences de ces promenades ruineuses. Le temps ne serait-il pas venu de les abolir? Au reste, si vous continuez à nous épuiser par des demandes incessantes, il faudra bien en venir à cette mesure. Nos seigneurs se déclarent incapables de faire face à toutes vos exigences.

» Puisque donc le commerce est si ruineux, puisque tous les ports ouverts exigent des travaux de fortifications extraordinaires, nous demandons que non-seulement Osaka, Jeddo, Niiegata ne soient pas ouverts, mais que Kanagawa soit fermé au commerce.

» Ce n'est point nous, comme vous nous en accusez, qui nous opposons aux relations avec l'étranger; nous consentons à l'ouverture absolue du pays si elle ne doit pas entraîner des dépenses excédant nos ressources. Jusqu'ici le système suivi par vous a été ruineux pour le pays et n'a eu aucun résultat positif. Ce n'est pas nous qui avons mis à mort les savants qui ont défendu hardiment l'ouverture du Japon. Nous n'avons jamais répandu dans le public des libelles insultants et excitant à la haine de l'étranger. Ce n'est pas nous qui avons appelé les ministres des..... et les consuls des..... D'ailleurs vous vous contredisez vous-mêmes; tandis que vous apprenez à l'enfant à mépriser et à insulter l'étranger, vous nous faites des peintures monstrueuses de sa puissance. Dernièrement encore, un haut fonctionnaire disait, avec assez de confiance et d'ironie, qu'à l'exception d'un peuple, on pouvait se moquer de tous les étrangers. »

La suite de la pétition est encore plus amère. — Les réformes intérieurs qui y sont demandées montrent le hideux agiotage du gouvernement et la plaie profonde qu'il a faite au pays.

Les demandes des pétitionnaires sont formulées assez hardiment pour ne pas exiger de longs commentaires. La signature d'aucun daïmios ne figure au bas du document, mais des agents importants de ceux ci l'ont signé. Ils sont à la tête du mouvement et d'un corps d'armée dépassant le chiffre de 100,000 hommes.

Le Micado, dit-on, saisira cette occasion pour mettre fin à l'arbitraire du Taïkong et aux humiliations qu'il lui inflige. Le chef des révolutionnaires est Chimotrou, un très haut officier de Satsooma. La plus grande preuve que Chimotrou a fait impression sur l'esprit du Micado, c'est que celui-ci vient de le revêtir du titre d'*Ezoomino Kami* et de le désigner pour acccompagner le commissaire qu'il envoie à Jeddo pour demander des explications sur les plaintes des mécontents. Un très haut personnage du kooghe est en route pour Jeddo (on appelle kooghe le corps des officiers attachés au service du Micado, par opposition au Bookey, qui comprend le Taïkong, les daïmios et leurs officiers. Primitivement, le kooghe n'était autre chose que le gouvernement proprement dit, et le Bookey formait l'armée. Le Taïkong et plusieurs daïmios reçoivent assez souvent du Micado des titres propres au kooghe, titres qui leur confèrent des priviléges recherchés).

Le délégué du Micado est Oobara-Saïmon Kembisou.

du rang des *Nüé*. L'escorte d'honneur qui accompagne de si hauts personnages est toujours un daïmios. C'est la première fois qu'une exception est faite à cette règle invariable. Oobara Saïmon est d'ailleurs un personnage si étrange qu'il m'est impossible de comprendre un tel choix dans les circonstances actuelles. Oobara vivait depuis deux ans dans une espèce de retraite ou de disgrâce pour ses opinions trop favorables aux étrangers. Comment se fait-il qu'il soit réintégré dans ses dignités et envoyé à Jeddo pour défendre une révolution en apparence hostile à l'étranger? Ne serait-il pas possible d'entrevoir le véritable but de l'opposition? Chimotsoo Ezoomino Kami, substitué à un Daïmio, ne confirmerait-il pas nos conjectures? Les Daïmios veulent absolument en finir avec la plus humiliante corvée qu'il soit possible de leur imposer, c'est-à-dire avec les voyages à Jeddo. On sait que cette politique des Taïkongs, qui veulent à tout prix *ruiner* et épuiser les seigneurs, est le pivot sur lequel roule tout le système du gouvernement. L'espionnage, si hideusement organisé, n'est qu'un accessoire. Depuis longtemps une réaction se préparait contre une mesure si tyrannique. Elle éclate aujourd'hui à propos de la question européenne.

Si le sincère désir du gouvernement de Jeddo est de faciliter les relations avec nous, comment se fait-il que tous nos amis au Japon sont disgraciés ou se suicident pour protester contre la politique de Jeddo? L'ex-envoyé en Amérique vient de mourir par suite de cette triste nécessité.

Le président du conseil, Fouge Tamatono Kami, vient de suivre son exemple en commettant également le *Cheppookoo-Harakiv*. Si de tels faits ne sont pas capables de nous éclairer sur les *bénignes intentions* du gouvernement du Taïkong, nous renonçons à toute espérance de renseigner nos amis et nos compatriotes.

Aux dernières nouvelles, dix-huit daïmios se retiraient brusquement de Jeddo sans prendre congé.

E.-E. Mermet.

Hakodate, Japon, 1er septembre 1862.

L'étoile de la révolution du Japon pâlit de jour en jour. Est-ce pour nous une bonne ou une mauvaise nouvelle? Probablement l'une et l'autre. Les salutaires réformes proposées par les membres sérieux de l'opposition amèneraient infailliblement un changement dans la politique si persévéramment exclusive envers l'étranger. D'un autre côté, nous ne devons pas nous dissimuler que cette *queue* d'hommes sans honneur et sans âme, qui suit les grandes révolutions, comme les oiseaux de proie suivent de grandes et glorieuses armées, ne soit quelque chose de hideux, un je ne sais quoi qui ne respire que meurtre et pillage. Quoi qu'il en soit, les nouvelles sont pour la paix. Comme je vous le faisais pressentir dans ma dernière lettre, le succès ou l'insuccès de la révolution dépendait surtout de la suprême décision du Micado. Or, il paraît que ce souverain a exprimé sa pensée au sujet du mouvement. Tout le monde a été très étonné d'apprendre que le chef des prétendus *rônins*, Chimotsoo Ezoomino Kami, était le père du *Daïmio* actuel de Satsooma.

Chimotsoo avait abdiqué depuis deux ans, on ne sait trop pour quelle raison. Mais il était trop ardent pour demeurer longtemps dans l'inaction. Jamais retraite ne fut plus activement employée. Le gouvernement le surveillait de près, mais avait pour lui des ménagements infinis, rendus nécessaires par la capacité et l'influence des puissants amis des suspects. Etait-il et est-il encore hostile aux étrangers? Nous croyons pouvoir répondre négativement. C'est ce même *daïmio* qui fit aux Hollandais des ouvertures pour un traité et qui toléra les missionnaires aux îles de Lootchou, malgré les ordres sévères de Jeddo. Ces antécédents nous permettent de croire qu'en prenant le commandement des rebelles, il n'a été animé par aucun sentiment hostile à la cause étrangère. Il s'est conduit d'ailleurs, dans tous ses rapports avec les *rônins*, avec une prudence qui n'est égalée que par la *diplomatie* de son fils, expliquant à Jeddo la conduite de son père dans cette affaire. Voici cette fameuse lettre du Daïmio de Satsooma :

« Le ..... du cinquième mois, mon père, en se rendant à Jeddo pour des affaires personnelles, rencontra à Keote des *rônins* et des officiers de différents Daïmios. Surpris de toute cette agitation et des cris de guerre qui s'élevaient de tous côtés, il s'informa de la cause de ce grand mouvement. Il fut vite initié aux prétentions du parti par le parti lui-même, qui le pressa vivement d'en prendre le commandement. Mon père leur représenta vivement tout ce qu'il y avait d'irrégulier dans leurs menées, d'intolérable dans leurs prétentions. Désespérant de faire prévaloir son sentiment sur des esprits aussi obstinés, il se prêta en apparence à leur désir. Comme il est facile de le comprendre, son intention, par cet acte de condescendance, était de tenir dans sa main la révolution et d'empêcher l'insurrection d'infester les autres provinces. La lettre que le Micado lui délivra pour le gouvernement de Jeddo le prouve d'une manière évidente. Nous avons l'honneur de vous envoyer l'original de cette lettre.

« Chimotsoo s'est présenté à nous et nous a exposé comment il avait comprimé et arrêté le mouvement. Il nous a demandé comment il fallait agir à l'égard de ces rônins. Nous avons été effrayés de leur nombre et de leur résolution. Grâce à Chimotsoo, le calme se rétablit peu à peu. Veillez à ce que ce commencement de paix s'affermisse. »

Tels sont les principaux documents sur la foi desquels je me crois autorisé à vous annoncer l'insuccès complet des soi-disant rônins.

Une lettre de Chochidai (gouverneur du territoire de Mijako), également adressée au gouvernement, ne fait que confirmer mon assertion. On y lit que les rônins sont désespérés des dispositions du Micado, et que le découragement diminue chaque jour leurs rangs.

Il est inutile de vous faire observer que la lettre du Daïmio de Satsooma est une pièce faite exprès pour dégager la responsabilité de son père et transformer en libérateur celui qui la veille n'était qu'un rebelle.

L'ex-daïmio de Satsooma avait quitté son pays avec une escorte formant un régiment, et provoqué une insurrection dont il s'est déclaré le chef. Le discours qu'il adressa au Micado et qui obtint la réponse si laconique et si vague que nous avons citée, était calculé pour sonder les intentions du souverain sans se compromettre. Le gouvernement acceptera-t-il l'explication du seigneur de Satsooma? Oui, sans aucun doute, surtout dans les circonstances actuelles. Sa réponse à ce modèle de diplomatie est déjà connue. Le gouvernement de Jeddo s'efforce de remercier l'ex-daïmio sans vouloir le remercier, et insiste sur son éloignement immédiat de Miiako. Celui-ci cependant, toujours pour cause d'utilité publique, retarde son départ et prépare probablement un autre plan. Le Japonais, trois fois Chinois sous ce rapport, n'est jamais à bout d'expédients. Il reviendra cent fois à la charge si son intérêt le demande, il s'exposera, avec une bravoure que fort heureusement nous ne connaissons pas, au plus humiliant démenti : c'est que pour eux le mensonge et la ruse n'ont rien de dégradant. Plusieurs ont même prétendu que c'était un titre de recommandation pour le Japonais. J'ai eu l'occasion de connaître intimement de hauts et de bas employés, et après des heures d'une conversation très nourrie, je me suis sérieusement demandé si je pouvais en conscience affirmer que je croyais avoir entendu une vérité, me flatter que j'avais acquis la connaissance exacte d'un fait ou d'un événement quelconque. Je ne veux point dire qu'ils sont, par nature ou éducation, incapables de sincérité. J'ai de nombreuses preuves du contraire. Pour avoir d'eux la connaissance d'un fait aussi exactement que leur ignorance vous permet de l'obtenir, il y a même une recette infaillible et que je m'empresse de livrer à tous ceux qui seraient appeler à en user plus tard; cette recette, la voici : montrez au fonctionnaire un intérêt personnel supérieur à celui qui le fait mentir *ex professo*, et le livre scellé des sept sceaux sera immédiatement ouvert. Nous ne voudrions pas assurer que quelques rares natures ne soient point rebelles au remède, mais une série d'expériences faites sur une grande échelle en démontre l'efficacité.

L'échec que subit en ce moment le parti de l'insurrection est une preuve de plus de l'omnipotence du Micado et des erreurs qu'une certaine classe de marchands et de touristes ont accumulées sur son compte avant et depuis l'ouverture des traités. Il nous a toujours été représenté comme une espèce de dieu, un peu fabuleux, flatté, orné comme une statue devant servir d'ornement pour le pays. Quelles fables n'a-t-on pas débitées sur son compte, sur sa manière de vivre, sur ses habitudes ! Il a été convenu de l'appeler empereur spirituel (nom qui ne peut lui convenir dans aucun sens) ; on se figure un chef de bonzes, un régulateur des rites religieux, un pontife extraordinaire, c'est-à-dire tout autre chose que ce qu'il est en réalité. Appelez-le un souverain indolent, comparez-le à nos rois fainéants, et vous aurez une partie de la vérité. C'est, en effet, pour avoir voulu imiter l'indolence, le luxe et la pompe des empereurs de la Chine, que les souverains du Japon finirent par se réduire à cette honteuse inaction, qui leur fit abandonner l'administration du pays comme quelque chose de trop indigne d'occuper un descendant des dieux. Comme tous les imitateurs serviles, ils exagérèrent et dépassèrent de beaucoup la paresse des potentats chinois. Cependant ils ont conservé en entier le pouvoir législatif, le pouvoir d'élire et de casser les Chogoons et les Daïmios. Aucune mesure importante, aucune loi d'un intérêt général ne sauraient passer sans la sanction du Micado ;

c'est lui qui confère tous les titres et dignités, directement ou indirectement. Il est vrai qu'après les guerres civiles qui ensanglantèrent la succession de Taïco-Sama, et qui furent si fatales aux chrétiens, amis et ennemis, las de verser du sang, se jetèrent dans les bras de Yeyace, aujourd'hui devenu le dieu Gonguen-sama. L'horreur qu'on avait des guerres intestines servit à affermir le pouvoir des Taïkongs, qui dès lors purent se croire héréditaires. Mais les peuples oublient vite les services rendus. Les chogoons, enflés de leurs succès, commencèrent cette petite guerre de tracasserie contre le chef de l'empire et ce système de tyrannie contre les daïmios, qui finit par révolter l'opinion. Le jeune Taïkong est un homme d'une capacité peu commune. Sauvera-t-il sa dynastie du naufrage? Nous n'oserions pas dire que nous l'espérons et que nous le désirons; seulement, c'est un phénomène historique qu'un gouvernement ne s'appuyant que sur des moyens aussi violents, c'est à-dire sur les meurtres secrets au moyen de la délation la plus honteuse, et qui cependant a pu durer plus de deux cents ans.

En lisant et relisant tout ce qui a été écrit sur ce peuple par les auteurs hollandais ou leurs commentateurs, on serait tenté de croire qu'il n'y a pas de peuple plus heureux sur la terre, et qu'on retrouve sous ce gouvernement patriarcal la simplicité et le contentement de l'âge d'or. Mais nous savons aujourd'hui à quoi se réduit cette prospérité. Malgré la richesse du sol, la statistique nous donne chaque année un affreux chiffre de ceux qui sont morts de faim, de froid, ou d'infirmités que leur pauvreté ne leur permettait pas de soigner.

Qui n'a pas lu ou entendu dire que c'était un peuple

innocent, que les crimes lui étaient à peine connus? Or, dans un district moins peuplé qu'un de nos départements (population moyenne 400 à 500 000 habitants), le chiffre des condamnés à mort varie de 200 à 350. Je n'ai de statistique que pour trois districts qui sont réputés les plus moraux du Japon, Chendaï, Nambou, Elkigen. Sans doute, le code japonais est loin d'être humain, ou plutôt il est parfaitement adapté au sens moral japonais. La loi décrète le crucifiement ou la scie pour ceux qui tuent leurs parents ou leurs maîtres; le bûcher pour les incendiaires; la peine de mort pour tout vol excédant la valeur de 100 francs. Sur ce dernier point, cependant, la loi laisse une grande latitude, et généralement la peine de mort n'est pas appliquée si la valeur n'excède pas 200 francs. Ce n'est point ici le lieu de commenter le code japonais. Je n'ai voulu que confirmer mon assertion, c'est-à-dire que, malgré un code des plus sévères, les crimes sont plus nombreux au Japon que dans beaucoup d'autres pays. Les détails que j'espère pouvoir vous donner plus tard sur ces divers sujets vous édifieront complètement sur ce peuple modèle. Cependant, je ne veux pas terminer cette lettre sans vous exprimer mon étonnement pour les grosses erreurs qui s'accréditent chaque jour sur le Japon dans le public européen. Tout homme qui connaît un peu le Japon rira de la plupart des articles publiés sur le Daï-Nippon pendant le séjour de l'ambassade japonaise. Quelques-uns paraissent n'être qu'un jeu d'esprit.

Deux espèces d'auteurs ont écrit sur le Japon depuis deux cents ans environ, les Hollandais et les Allemands, puis leurs commentateurs, qui ont cherché à les compléter. Parmi les premiers, quelques-uns étaient doués d'un grand talent d'observation; mais ils étaient réduits à l'alternative, ou de deviner, ou d'accepter les renseignements de sources peu sûres. Il fallait ou accepter ce que le petit fonctionnaire du Chogoon voulait bien leur dire, ou se renseigner auprès de son domestique. Les livres japonais ne leur étaient pas accessibles. Il y a à peine huit ans que je payais 100 fr. le premier livre japonais que je pus obtenir en secret, et qui se vend aujourd'hui de 20 à 25 centimes. C'est qu'alors le Japonais vendait le risque que mon indiscrétion pouvait faire courir à sa vie. Du reste, il y a peu de livres. Jamais gouvernement n'a été plus hostile aux lettres que celui de la dynastie actuelle. Aucun écrit traitant de l'histoire du gouvernement japonais ou de son administration n'a pu être livré à l'impression. C'est à peine si, depuis dix ans, quelques biographies des premiers Taïkongs, quelques fragments d'un épisode de la guerre, ont pu, après avoir passé sous la lime de la censure, paraître en public.

Malheureusement le japonologue, même aujourd'hui, rencontre d'immenses difficultés dans ses études. Les documents manquent. Les hommes instruits sont ici d'une rareté désespérante. Lorsqu'il a surmonté les premières difficultés de la langue, il n'est qu'au début de ses fatigues. Plus il avance dans la connaissance du pays, plus il devient discret et prudent : il n'ose affirmer. Il interroge cent fois avant d'oser croire qu'il a bien entendu. Il voit des embûches partout. Il se retire, puis avance de nouveau avec plus de timidité que la première fois. Enfin, c'est une véritable guerre, une chasse dangereuse, capable de décourager l'amateur le plus intrépide Nous envions presque la position de certains touristes ou résidents au Japon, dont la foi robuste se contente des récits extraordinaires qui leur sont faits par leurs domestiques ou le premier grand causeur qui veut bien leur débiter ses pensées. Un très haut fonctionnaire européen au Japon prépare sur ce dernier pays un grand ouvrage dont les matériaux lui sont fournis par de jeunes élèves, des domestiques et tous les aventuriers du pays. Heureux mortels ! ! !

Aux dernières nouvelles du Kioto, le Micado venait de nommer o-hiroo-mi (royal-par-derrière-voyant), ou régent, Hitotchi-bachi, un des gosankio (les trois branches les plus proches du trône des taïkongs). Ce Hitotchi-bachi n'est autre que le fils du fameux daïmio de Nito, l'auteur réel ou prétendu de bien des troubles. Par suite de cette nouvelle mesure, le gotaïro n'aurait plus que des pouvoirs très limités. L.-L. Mermet.

Pulo-Pinang, le 25 septembre 1862.

« Mon cher monsieur Limon,

» Vous me demandez des nouvelles de ma mission. — Pinang n'offre point une nationalité indigène. Les Malais mêmes ne figurent dans ce pays que comme une nuance dans les variétés de la population, et ils n'exercent aucune influence sur les nombreux étrangers qui sont venus y chercher fortune. C'est une île séparée du continent par un petit bras de mer. Autrefois elle appartenait au rajah de Quédah, tributaire du roi de Siam : vers la fin du siècle dernier, il la céda, de gré ou de force, à la Compagnie anglaise, dite *des Indes*, pour une pension annuelle de dix mille piastres. Les Européens la nomment le *Paradis terrestre des Indes*, et vraiment c'est une île charmante, qui offre une foule d'avantages. Avant la fondation de Singapour, Pinang avait un commerce considérable; mais, depuis une vingtaine d'années, elle a baissé sous ce rapport, et Singapour s'est enrichie de ses dépouilles. Néanmoins, elle se soutient, et sa population même augmente singulièrement. Cette île n'est pour ainsi dire qu'une longue chaîne de montagnes, bordée d'une plaine d'environ une lieue de large sur quatre ou cinq de long. Les deux pics les plus élevés de cette chaîne ont 2.400 pieds au-dessus du niveau de la mer : l'un d'eux n'a jamais été cultivé, parce que les abords en sont difficiles et qu'il est très éloigné du port ; personne ne l'habite, à l'exception de quelques Malais ; mais l'autre est devenu le séjour des Anglais un peu riches ; ils y ont bâti des *villa* qu'on appelle *Bungalon*, et qu'ils habitent une grande partie de l'année. La distance de là au port n'étant pas considérable, les négociants peuvent s'y rendre pour leur commerce. Le gouvernement y a établi un haut mât avec pavillon, qui est un signal pour les vaisseaux en mer; il y a aussi bâti une vaste et charmante maison pour les hauts dignitaires de l'île. Le climat de cette montagne est délicieux ; on s'y croirait en France dans les beaux jours de printemps.

» L'île a de cinq à six lieues de long sur autant de large, avec une population de soixante mille habitants, dont cinquante mille chinois; ce dernier peuple, étonnamment industrieux, pénètre partout où il trouve un centime à gagner. La Chine, trop pauvre pour nourrir tous ses enfants, les envoie de tous côtés : chaque année, vers le mois de janvier, des milliers abordent à Singapour, à Malacca, à Pinang, à Rangoon, à Calcutta, à Java et jusque dans l'Australie ; mais, en sortant de la Chine, ils ne quittent que le sol; ils portent partout le même costume et les mêmes habitudes; leurs goûts ne changent jamais. Ils n'aiment que ce qui est chinois; ils n'ont que du mépris pour tout le reste : ainsi ils demeurent Chinois dans leurs habits Chinois, dans leur langage, Chinois dans leurs habitations, Chinois dans le boire et dans le manger. Ce peuple, si original dans tout ce qui le concerne, forme encore un étrange contraste avec les autres nations de l'Orient par son industrie, son entente admirable dans le grand et le petit commerce, son amour du jeu et les peines qu'il se donne pour réussir dans ses vues. Grâce à ses soins opiniâtres, les pays les plus sauvages prennent un air de prospérité. C'est lui qui a défriché Pinang, qui a fait sortir de son sol une foule de productions qui ont fait et font encore la richesse et la beauté de l'île. On le trouve partout, sur la montagne comme dans la plaine; il a abattu d'immenses espaces de forêts, et à la place de ces arbres séculaires il a élevé le muscadier, le giroflier, le garoubier, le caféier, le cocotier, le banannier, etc.; il multiplie les plantations de bétel et d'indigo. Il s'agit de devenir riche en peu de temps : voilà son but.

» Les Chinois commerçants ne sont pas moins habiles que les cultivateurs; ils trafiquent avec les Européens, et ne leur sont point inférieurs dans l'art de faire fortune; et c'est à leur industrie persévérante qu'ils doivent de réussir partout. Outre les Chinois, il y a à Pinang un bon nombre de Malabares : ce sont eux qui font le service des banques; ils sont changeurs, usuriers, ruinent leurs débiteurs et s'en retournent dans leur pays avec de gros trésors. On trouve aussi parmi eux des ferblantiers, des joailliers, des grimpeurs : la fonction de ces derniers est de monter sur les cocotiers pour en faire tomber les fruits; ils ont le monopole de la cuisine chez nos Anglais. C'est encore à eux qu'est réservée la garde des bestiaux. Vous ne sauriez croire quelle affection ils ont surtout pour la race bovine : grâce à eux, nous pouvons avoir du lait et même du beurre, qui coûte un peu cher à la vérité, 40 sous la livre, et encore ils y mêlent de la farine. Les Malabares excellent surtout dans le bavardage. Ils pourraient en revendre aux dames de la halle et aux poissonnières de France. C'est un peuple d'enfants querelleurs, mais pas vindicatifs. Il en est tout autrement des Malais : ils causent peu; mais, si vous les offensez, ils ne l'oublient pas, et leur impitoyable kris (poignard) vient bientôt vous frapper au cœur. Ils portent la férocité sur le visage. C'est à peine si le contact continuel avec les étrangers peut en adoucir les traits. Avec cela, ils sont fainéants, sans souci du lendemain : plusieurs même ne vivent que de meurtres et de rapines. Leur occupation la plus ordinaire est de faire des rizières et de planter des cocotiers et autres arbres fruitiers. Ils sont mahométans, mais leur ignorance de la loi du Coran est extrême... Dernièrement je m'adressai à un homme de cette nation pour le prier de me transcrire en caractères malais la bulle de l'Immaculée Conception que j'avais été chargé de traduire en cette langue pour l'envoyer au Souverain-Pontife. Après avoir admiré les louanges données à la sainte Vierge, il me dit : « Mais, Père, nous croyons tout cela aussi, nous autres musulmans. Marie est la femme par excellence : c'est la Vierge sans tache; on ne peut mêler son nom avec l'idée de péché. » Puis, un moment après, il reprit : « Est-ce que les protestants ne nient pas que Marie soit toujours demeurée Vierge? — Hélas ! oui, répondis-je. — Eh bien ! reprit-il, notre religion est plus pure que la leur. » Malgré ces belles paroles, il est bien rare de voir ces gens se convertir, soit difficulté de rompre leurs habitudes, soit crainte de ne pouvoir échapper à la fureur de leurs parents.

» Parmi les choses remarquables de l'île, il faut citer le collége, qui est l'honneur et le soutien de nos missions. Situé à quelques pas de ma maison, il a été établi pour l'instruction du clergé indigène : on y enseigne tout, depuis l'alphabet jusqu'à la théologie ; il est dirigé par sept prêtres et compte cent trente élèves de tous les pays de l'extrême Orient. Il s'y trouve en effet des Coréens, des Chinois, des Tonquinois, des Cochinchinois, des Cambogiens, des Siamois, des Birmans, etc. ; ces jeunes gens se préparent au sacerdoce. C'est de là que sortent la plupart de ces prêtres indigènes qui, après avoir fini leurs cours de théologie, sont envoyés à leurs vicaires apostoliques respectifs. Que de martyrs sont déjà sortis de cet établissement! La dernière persécution de Cochinchine nous l'a rendu encore beaucoup plus précieux; sans lui, où serait l'espérance pour cette mission désolée? Heureusement nous avons là une bonne ressource : à tout moment nous pouvons envoyer du renfort. Ce collége a été fondé en 1808 et s'est toujours soutenu depuis; il a déjà fourni aux missionnaires des centaines de prêtres.

» Parlons maintenant de l'état de la religion dans cette île. On peut dire que ce sont les Anglais qui l'ont ouverte aux chrétiens : il y en avait une petite colonie dans le royaume de Quédah, et le gouverneur de l'île fut très heureux de les avoir pour commencer son établissement. Ils vinrent donc s'y fixer sous la conduite d'un missionnaire. Le chef anglais leur donna des terres et renta même une école catholique, d'où il prit ensuite tous ses employés; et même jusqu'à présent on a continué de payer à cette école cent roupies par mois (cette monnaie vaut un peu plus de deux francs). Les chrétiens qui venaient de Quédah étaient tous des métis, descendants de Portugais, de Français, d'Espagnols, etc.; leur langage était le siamois; mais peu à peu ils l'abandonnèrent pour le malais et l'anglais. L'île de Pinang est le siége du Vicaire apostolique, et se trouve divisée en trois paroisses : celle de la ville, celle de Pulo-Diken et celle de Batra-Kavare, qui n'est pas dans l'île, mais sur le continent, tout près de Pulo-Pinang. La paroisse de la ville compte environ huit cents individus, presque tous métis : on y remarque seulement quelques Anglais, Irlandais et Chinois; ils ont une belle église, nouvellement achevée, une école, tenue par les Frères de la Doctrine chrétienne, et une autre, par des Sœurs du Saint-Enfant-Jésus : ces Dames ont aussi un orphelinat de 80 enfants, ce qui, avec ceux des classes, leur donne 150 élèves. Les Frères en ont environ 120. Ces écoles font beaucoup de bien et donnent du relief à la mission. Les Anglais ont aussi une école de garçons, fréquentée par plus de 250 enfants, presque tous païens : cette école se nomme libre; on n'y enseigne que l'anglais; la religion n'y figure en rien, si ce n'est pour les enfants qui se trouvent à l'orphelinat protestant. Ici comme ailleurs, le protestantisme affiche la division qui le caractérise : dans cette petite île, il n'y a pas moins de trois sectes, l'épiscopalienne, la presbytérienne et l'anabaptiste, mais elles sont assez bien ensemble, et les Anglais fréquentent indifféremment les trois églises, selon que les ministres leur plaisent. Nous n'avons pas beaucoup à souffrir de la part de ces ministres ; ils ne s'occupent guère que de leurs compatriotes; l'anabaptiste est le plus entreprenant : il a maître d'école et catéchiste : il pénètre dans les familles et y débite force calomnies contre nous; mais c'est avec peu de succès. On n'aime point ici les prédicateurs avec femmes et enfants....

» Notre paroisse de la ville, que je connais, parce que j'y ai travaillé trois ans, est généralement bonne, eu égard à ce pays où le mélange des païens de toute espèce exerce toujours une influence défavorable : l'église est assez fréquentée, et le devoir pascal s'y remplit convenablement ; elle est maintenant desservie par un prêtre de Lyon, nommé M. Monissol. Celle où je suis actuellement s'appelle Pulo-Diken ; le nombre des chrétiens y est de neuf cents, dont la moitié métis et la moitié Chinois. J'ai à desservir deux chapelles, à une grande distance l'une de l'autre, et plus de la moitié de la route est dans les montagnes; ainsi, je suis missionnaire montagnard, et j'ai beaucoup de fatigues : un prêtre chinois les partage avec moi. C'est à Pulo-Diken qu'est le centre de ma chrétienté. Ma succursale s'appelle Balek-Pulau, c'est-à-dire Outre-Mont : il ne s'y trouve que des Chinois, au nombre seulement de deux cent douze; mais de nouvelles familles commencent à s'y établir, et, dans peu d'années, le nombre aura beaucoup augmenté. Le dernier baptême qui s'y est fait a été administré par Mgr Pellerin, dont je vous parlerai bientôt. Tous les Chinois de cette chrétienté sont cultivateurs; et quoique très éloignés de l'église, pour la plupart, ils sont assez fidèles à se rendre à l'office divin. Mes chrétiens sont éparpillés dans l'île, et quelquefois dans des lieux presque inaccessibles; mais ces courses que je suis obligé de faire soutiennent ma santé.

» A Balek-Pulau, je viens d'établir une école de filles. Je fais venir les garçons au pensionnat chinois que j'ai fondé à Pulo-Diken. Dans ce dernier lieu, j'ai trois écoles : une pour les petits garçons descendants des Européens; elle compte 36 élèves ; une école malaise pour les petites filles, 50 élèves; enfin une école chinoise pour les garçons. Tous ces établissements entraînent de grandes dépenses. Je suis même obligé de nourrir beaucoup de ces enfants, que les parents n'ont pas le moyen d'entretenir. D'un autre côté, mon maître d'école anglaise me coûte quinze piastres par mois. C'est plus que je reçois de la Propagation de la Foi. Ajoutez à cela les dépenses pour presbytères, catéchuménat, maisons d'école, maisons de retraite pour les vieux Chinois; c'est un état de choses qui réduit bien vite un missionnaire à la pauvreté. Son zèle ici ne peut guère s'exercer qu'à l'égard des Chinois. Chez eux seulement ils trouvent quelque espoir de conversion. Ce sont eux qui donnent un peu de vie aux missions de la Malaisie. Leur esprit curieux et avide d'instruction s'attache aux vérités de la foi. Ils montrent du goût pour la prière vocale; il faut avouer qu'ils ont une manière de prier vraiment entraînante. C'est un chant harmonieux. Voilà pourquoi j'exerce beaucoup mes petits Chinois à la mesure et à l'harmonie; et lorsque dans l'église ils exécutent bien leurs parties, je ne me lasse pas de les entendre.

» Les Chinois prient longtemps et toujours à genoux. Le dimanche, ils répètent trois fois cet exercice à l'église, et ont du goût pour la fréquentation des sacrements. Mais ici deux choses nuisent beaucoup aux succès de la mission : c'est l'état changeant et passager de la population, et la multiplicité des langues. Il faut qu'un missionnaire en sache plusieurs ; il doit apprendre le malais, l'anglais, deux dialectes chinois, le malabare, etc. Ainsi, avant qu'il soit à même de faire quelque chose, il est obligé de passer trois ou quatre ans, souvent cinq ou six, à les étudier ; et ce n'est pas une petite peine.

» Je vous ai promis quelques mots sur monseigneur Pellerin. Ce prélat nous honora d'une visite à la fin de l'année dernière. Il passa deux mois à Pulo-Pinang ; puis, retourna à Singapour, pour être plus à portée de sa mission, afin de saisir la première occasion favorable d'y rentrer. Il n'était pas bien quand il arriva, mais l'air de Pinang le remit. Lorsqu'il fut de retour à Singapour, son indisposition revint. Les sollicitudes et les chagrins que lui causait sa mission désolée, ne contribuèrent pas peu à augmenter le mal. Il passa près de quatre mois dans cet état. Le médecin lui conseilla le changement d'air. Il revint à Pinang, mais il était tout changé. Sa barbe était toute blanche, son teint blême et ses lèvres décolorées. Il portait l'empreinte de la mort. « Je viens, nous dit-il en arrivant, vous apporter mes os. Je viens mourir au milieu de vous. » On lui fit prendre l'air frais de la montagne, mais il ne lui fit aucun bien. Quelques jours avant sa mort, je lui dis que j'allais vous écrire : « Oh ! me répondit-il, faites-lui bien mes amitiés. Je connais beaucoup M. Limon. »

» Pendant tout le temps de sa maladie, quelle force d'âme il montra ! Il ne proféra pas une plainte ; il était tout confus des attentions que nous avions pour lui.

Enfin, le 13 septembre, à six heures du soir, il expira entre nos bras.

» Le lendemain eurent lieu les cérémonies de la sépulture, et il fut inhumé dans la chapelle du collége général de nos missions. C'est lui qui en avait béni la première pierre neuf ans auparavant. »

FIN.

LIMOGES ET ISLE. — Imprimeries de Louis et Eugène Ardant frères.

www.ingramcontent.com/pod-product-compliance
Ingram Content Group UK Ltd.
Pitfield, Milton Keynes, MK11 3LW, UK
UKHW021100260726
13994UKWH00002B/615

9 782329 396330